Gerson Wolf

Die Juden in der Leopoldstadt

Gerson Wolf

Die Juden in der Leopoldstadt

ISBN/EAN: 9783744631136

Hergestellt in Europa, USA, Kanada, Australien, Japan

Cover: Foto ©ninafisch / pixelio.de

Weitere Bücher finden Sie auf **www.hansebooks.com**

Die

Juden in der Leopoldstadt

("unterer Werd")

im 17. Jahrhundert in Wien.

———✦———

Von

G. Wolf.

Nach Archivalien der k. k. Staats- und Finanzministerien, der k. k. n. ö. Statthalterei und des
Wiener Magistrates

Wien.
Verlag von Herzfeld & Bauer.
1864.

Dem Meister der jüdischen Wissenschaft,

Herrn

Dr. L. Zunz

in Berlin,

zur Feier des 70. Geburtstages, am 10. August 1864,

in

unbegrenzter Hochachtung und Verehrung

gewidmet.

Vorwort.

Indem ich diese Blätter veröffentliche, ist es zunächst mein innigster Wunsch, daß dieselben nicht unwürdig des Mannes befunden werden, dem sie demutsvoll geweiht sind; denn wahrlich es war mein Bestreben, demselben eine Freude zu bereiten. Und was erfreut wol den Meister und Lehrer mehr, als wenn er sieht, daß er allüberall eifrige Jünger hat, die auf sein Wort lauschen, und es weiter tragen und verkünden. — Ich betrachte es als ein glückliches Ereigniß, daß es mir seit einer Reihe von Jahren vergönnt ist in näherem Verkehre mit dem Manne, den ich so sehr verehre, zu stehen, und von demselben mündlich und schriftlich Belehrung zu empfangen. Die Wünsche, die sich an das 70. Geburtsfest des Meisters knüpfen, brauchen nicht ausgesprochen zu werden. Es trägt sie jeder im Munde und im Herzen, der Sinn und Verständniß für die Wissenschaft und für ihre Träger hat und einen makellosen, reinen und edlen Charakter zu würdigen verstehet; insbesondere in einer Zeit, die eben daran Mangel leidet.

Es sei mir gestattet, hier noch einen andern Punct zu berühren. Mündlich und schriftlich, in Kritiken über meine Schriften, wurde ich aufgefordert ein Gesammtbild, eine Geschichte der Juden in Oesterreich, zu geben. Es ist dieses auch mein eigener inniger Herzenswunsch,

und doch war ich bisher nicht in der Lage, diesen Wunsch
zu erfüllen und zwar aus inneren und äußeren Gründen.
Die Schätze, welche die kaif. Archive in Betreff der Juden
enthalten, die ich zum ersten Male in erschöpfender
Weise durch das Wolwollen der h. Behörden — denen ich
hiermit wiederholentlich meinen Dank abstatte —. hebe, sind
sehr groß und umfangreich. Nachdem ich bereits mehrere
Jahre auf die Erforschung derselben verwendete, werde ich
noch längere Zeit diesem Studium widmen müssen. Es läßt
sich jedoch schwer ein Gegenstand umfassend behandeln, in-
solange man nicht sämmtliche Materialien beisammen hat und
dieselben zu beherrschen in der Lage ist. Anderseits nehmen mir die Amts- und Berufsgeschäfte den größten und
besten Theil der Zeit in Anspruch und öfters muß ich mir die
Stunden zu den historischen Arbeiten erkämpfen und er-
ringen. — Nichts desto weniger hoffe ich, daß es mir ge-
gönnt sein wird, in vollem Umfange eine Geschichte der
Juden in Oesterreich abzufassen. Mögen bis dahin die
Leser freundlich die Gaben wie bisher aufnehmen, und durch
ihre fernere Theilnahme mich in meinen Bestrebungen, die
dahin gerichtet sind der Wahrheit zu dienen, unterstützen.

Wien, im Juli 1864.

Die

Juden in der Leopoldstadt

im 17. Jahrhundert in Wien.

———◆◆———

Der erfreuliche Umschwung der politischen Verhältnisse der Juden wird nicht ohne Einfluß auf die jüdische Geschichtschreibung bleiben. Man wird die Dinge objectiver behandeln. Der Kranke, der seine Leidensgeschichte erzählt, erweckt Mitleid; der Genesene hingegen erzählt mit Thränen der Freude, mit beseeligenden Blicke von dem bittern Leide, das er überstanden hat. Der Anblick einer Schlacht hat für jeden Menschenfreund nur das Gefühl des Grauenvollen und Schrecklichen; der Soldat hingegen, der die Schlacht mitgekämpft, der muthvoll mitten im Kugelregen gestanden und ungebrochenen Muthes seine Fahne hochgehalten hat, erzählt wonnetrunken mit verklärtem Auge, wie er für die höchsten Güter des Lebens gekämpft.

Die Juden waren die Bresthaften, sie waren die Soldaten, welche muthig im Kampfe ausharrten. Sie haben es bewiesen, daß sie würdige Nachkommen der Macabäer sind. —

Wir wollen zunächst dem Leser die Zeit vorführen, in welcher die Juden, vor beiläufig zweihundert Jahren, in der Leopoldstadt in Wien, damals der „untere Werd" genannt, wohnten.

Vor allem drängt sich die Betrachtung auf, daß auch heute ein großer, ja der größte Theil der in Wien wohnenden Israeliten in der Leopoldstadt seinen Wohnsitz aufgeschlagen hat. — Es wird dem Patriarchen Abraham nachgerühmt, daß er an den Orten, wo er einmal eingekehrt war, wenn er wieder dahin kam, neuerdings einkehrte, und so ging es auch seinen Nachkommen. Sie kehrten wieder an die Orte zurück, wo ihre Väter einmal gelebt. Der Ort, den ihre Väter betreten hatten, war ihnen gewissermaßen geweiht und geheiligt.

Ueberschauen wir zunächst die Gassen und Straßen, wo die Juden in Wien wohnten, so weit wir in die Zeit zurückgreifen können. Sie wohnten ursprünglich im „Elend" wie der Platz genannt wurde, oder im „Exile" und gibt es noch jetzt Reste der Elendbastei in der Nähe des Salzgrieses und vor dem Kärntnerthor, wo auch der Judenfriedhof war. Sie zogen dann mehr in das Innere der Stadt und wir finden sie auf verschiedenen Plätzen wohnen, insbesondere auf dem Judenplatz, wo im 15. Jahrhundert das Judenspital war, nämlich im Hause Nr. 354, auf dem Universitätsplatz, Kienmarkt, Bauernmarkt, in der Juden- und Himmelpfortgasse. Nach der Wiederkehr der Juden, nach der letzten Vertreibung im J. 1670, wo es ihnen längere Zeit verboten war, bis zur Regierung Josefs II. in der Leopold-stadt zu wohnen, finden wir sie beim Kärntnerthor (Samson Wertheimber wohnte auf der Kärntnerbastei und starb daselbst am 6. August 1724) in den Selb'schen Häusern, in der Nähe der Mariahilfer Straße ꝛc. Schauen wir uns jetzt in Wien um, so finden wir, daß auch die genannten Gassen und Straßen am meisten von Juden bewohnt sind, und unter ihnen ragt die Leopoldstadt, wo sie sich verhältnißmäßig am längsten aufgehalten hatten, am meisten hervor.

Als besonders beachtenswerth ist es hervorzuheben, daß in Wien mit Ausnahme jener Zeit, wo die Juden im untern Werd wohnten; von 1625 bis 1670, während eines Zeitraumes von beiläufig 55 Jahren, kein Ghetto in Wien war. Währenddem in den sonstigen österr. Erb-ländern überall, wo Juden wohnten, ein Ghetto bestand; war ein solches in Wien nicht zu finden und wenn die Juden nichts desto weniger da und dort in größeren Gruppen beisammen wohnten, so geschah dieses nicht in Folge eines höheren Befehles, sondern in derselben Weise, wie die Goldschmiede, die Bäcker, die Töpfer beisammen wohnten oder wie z. B. jetzt die Elengance auf dem Graben und Kohl-markt, die Ausgabe der meisten Zeitungen in der Wollzeile zu finden sind. — Man hat es zwar vorher und nachher nicht an Versuchen fehlen lassen, den Juden ein Ghetto anzuweisen. So machte man schon im Jahre 1570 den Vorschlag, die Juden nach dem untern Werd zu ver-setzen, doch die Bürger sprachen sich dagegen aus. Sie meinten, die Juden würden außerhalb der Stadt leichter ihre „bösen Practiken" treiben können. Die Juden selber seien in der unbewohnten Vorstadt nicht vor Ueberfällen gesichert und überdies könnten sie leicht die Flucht ergreifen. Sonderbar genug, trotzdem die ehrsamen Wiener Bürger keine gute Meinung von den Juden hatten, so wollten sie doch nicht, daß die Juden etwa Wien verlassen.

Kaiser Max II. würdigte diese Gründe und am 5. Juni 1570 be-stimmte er von Prag aus, wo er sich zu jener Zeit befand, daß die Juden in der Stadt bleiben können und sollen sie als Zeichen ein „gelbes

Häubel" tragen. Das übliche Judenzeichen allein, der gelbe Fleck, scheint nicht genügt zu haben.*)

Um sie jedoch vor Ueberfällen zu sichern, sollten sie in Einem Hause in der Stadt wohnen, welches nur Einen Eingang hatte, Fenster und Thüren sollten gut verwahrt sein, damit „nächtlicher Weil" niemand ausgehe noch in die Behausung durch heimliche Gänge gelange. Ein „Zuseher" sollte überdies bestellt werden, welcher Tag und Nacht beobachtet, was die Juden thun. Kurz vorher wurde in Folge der Pest das Kloster in der Himmelpfortgasse geräumt und dahin sollten die Juden nach dem Wunsch der Bürger ziehen. In Folge der Beschwerden der Juden, daß die Räumlichkeiten zu klein und daß „Stadel und Stall" voller Heu und Stroh seien und nicht weit davon die Kirche und eine Capelle, in welcher Pulver sich befindet, wurde das Gesetz wieder aufgehoben.

Auch nach der Wiederkehr der Juden versuchte man es, dieselben in ein Ghetto zu verweisen. Unter Carl VI. war dazu der „Kitzenpfennig" in der Adlergasse und unter Maria Theresia das Garibaldische Haus in der Himmelpfortgasse ausersehen; aber immer kam man wieder davon ab. (S. unsere Judentaufen.)

Ein eigentliches Ghetto bestand daher in Wien blos vom Jahre 1625 — das k. Edict datirt vom 6. December 1624 — bis zum 28. Juli 1670.

Betrachten wir nun die jüdischen Verhältnisse während jener Zeit. Vor allem hätten wir die Population ins Auge zu fassen, doch zu jener Zeit wurde die Statistik nicht beachtet und nur gelegenheitlich werden Zahlen angeführt oder sie werden aus den Steuerrollen ersichtlich. So weit uns die Zahlen der jüdischen Bevölkerung auch aus der vorausgegangenen Periode bekannt wurden, betrugen sie im J. 1512 7 Familien, 1599 31 Familien, 1600 71 Personen (in diesem Jahre hatte eine partielle Ausweisung stattgefunden) und 1619 42 Familien. Diese Zahlen geben jedoch auch nicht annähernd ein richtiges Bild der jüdischen Bevölkerung Wiens zu jenen Zeitepochen.

Damals gab es in Wien drei Arten von Juden, 1. hofbefreite Juden, 2. Juden überhaupt, genannt gemeine Juden, solche, die im wirklichen oder fingirten Dienstverhältniß zu den Hofjuden standen und

*) Gelegentlich mag bemerkt werden, daß von Zeit zu Zeit und je nach Umständen die Judenzeichen vermehrt wurden. Unter der Kaiserin Maria Theresia mußten die Juden in Prag einen gelben Aufschlag auf dem Rockkragen tragen.

3. fremde Juden, welche zeitweilig in Wien Aufenthalt genommen hatten. Versuchen wir es, diese drei Gattungen zu charakterisiren.

Die **hofbefreiten Juden** genoßen Privilegien, welche sie so ziemlich nicht nur den Christen im Allgemeinen, sondern sogar in gewisser Beziehung dem Adel. gleichstellten. Sie waren von jeglicher sonstiger Steuer außer derjenigen, die sie als hofbefreite Juden bezahlten, befreit; sie hatten keine Mauth und keinen Zoll zu bezahlen, sie konnten Groß- und Klein-Handel betreiben zu Land und zu Waßer; sie waren nicht genöthigt das Judenzeichen zu tragen und durften sich überall aufhalten, wo der Kaiser Hoflager hielt. Sie waren, wenn sie auch nicht den Titel hatten, doch die Hofwechsler *).

Diese Hofjuden standen unter der Jurisdiction des Hofmarschalls. Als im J. 1611 der Bürgermeister denselben die Gewölber sperren ließ, wurde „denen von Wien ihre hierin gebrauchte Unbescheidenheit alles Ernstes verwiesen.“ Als der Magistrat von Wien darum petirte daß den Juden die Gewölber gesperrt und ihre Hantierung eingestellt werde, erfolgte der Bescheid: „denen von Wien wieder herauszugeben und hat diß ihr Begehren nit stat“ und wurde bestimmt Veit Munk und die andern Supplicanten bei ihrer Handtirung ruhig verbleiben zu laßen. Hingegen wurde es genanntem Veit Munk nicht gestattet, 2. Juni 1611, im Stegseferischen Hause, welches die Juden erkauft hatten,

---

*) Die Privilegien der Hofjuden waren nicht zu allen Zeiten gleich. So fordert Kaiser Matthias am 26. August 1611 die niederösterreichischen Stände auf ihm ein Gutachten in dieser Beziehung abzugeben. Wir entnehmen aus demselben:

„Also sollet Ihr andern dießfalls verständig erfahren und gewißenhafte Leith ad partem gleichfalls darüber vernemen und einen Anschlag der Wahren machen.

... Was die überhäuffte Judenschafft anlanget, haben wir Unns dahin gdst resolvirt und wollen, daß Ir alle und Jede Juden zu Wien samt Weib und Khindt und Gesindt beschreiben und dieselben omb Ir Tun Handel und Wandel und unter wessen Schutz und protection Sy leben, aigentlich befragen laßet.

Von denen aber die befreyt sollst du Graf Trautsohn alle Ire Freybrieff abfordern in reiffe Berathschlagung nehmen und darüber uns dann außürlich Gutachten eröffnen, wie nemblich unsere Hofjuden (welche wie andere unsere Hofhandelsleuth unsern Hoflägern nachziehen sollen) zu bestellen und welcher gestalt Ihre Freybriff seyn möchten.“

Eigenthümlich ist es. Wiederholentlich wurde die Beschreibung der Juden angeordnet und doch findet sich kein Bericht über dieselbe vor. Sind Berichte erstattet worden und gingen verloren oder wurden scartirt, oder haben die Juden nicht die nötigen Auskünfte ertheilt?

eine Synagoge zu erbauen, weil dieses gegen die Privilegien der Bürgerschaft sei.

Diese Stellung der wiener Hofjuden wurde mannigfach beneidet. Im J. 1619 wurde von den Juden eine besondere Contribution zu Kriegszwecken verlangt. Auch die Juden zu Eisenstadt und Mattersdorf, welche vormals zum Kronlande Oesterreich gehörten, wurden aufgefordert, besondere Steuern zu zahlen. Sie wendeten sich deshalb an den Erzherzog Leopold, Bischof zu Straßburg und Passau, zu jener Zeit Statthalter in Niederösterreich und schrieben unter Anderem an denselben:

„So berichten aber Euer hochfürstlicher Durchlaucht wir in Unterthenigsten gehorsam so viell, daß wir alle khayserliche Gaben und sonst gebürende Landtsanlagen als Auffboth und Rüstgellt, Landt- und Brantsteuer, wie andere Underthanen von Jahr zu Jahr außer beßen, was auff unns als Juden von der Herrschaft sonsten geschlagen wirdt, ohne Abgang raichen, so offt auch ein musterung deß Landvolkhs auskomt entweder in eigener Person erscheinen oder sonsten einen andern ahn unserer statt stellen müssen. Da hergegen die wienerischen Juden von dergleichen schwären aufflagen genzlichen befreit, wir aber arm und uns mit unserer Häntearbeit meistentheils hartiglich ernehren müßen."

Indem wir nur nebenher bemerken wollen, daß, wie aus diesem Schreiben hervorgeht, die Juden zu jener Zeit Militärdienste leisteten, müssen wir berichten, daß die Wiener Juden von den besonderen Steuern nicht verschont blieben. Sie zahlten 10.000 fl. und als diese Summe zu klein befunden wurde, petitionirte die befreite und gemeine Judenschaft gegen eine Erhöhung derselben und bemerkte, sie müßten sonst sammt Weib und Kind vor Hunger und Kummer vergehen. Die Finanznoth des Staates war jedoch so groß, daß obengenannter Erzherzog Leopold darauf antrug, ob man nicht von den Geistlichen Geld haben könnte Später suchte man von den Juden 17.000 fl. auf Pfänder, Juwelen 2c. auszuleihen. *)

---

*) Diese ausnahmsweise Stellung der Hofjuden wurde später auf die Tolerirten in Wien übertragen und noch zu Anfang dieses Jahrhunderts meinte die damalige niederösterreichische Regierung, man könne von den tolerirten Juden keine Rekruten ausheben, da sie wie der Adel eine Ausnahmsstellung einnehmen.

Als die Juden dazu sich nicht verstehen wollten, wurden Zwangs-mittel angewendet. Man sperrte ihnen die beiden Synagogen, ihre Magazine, Zimmer, Schränke ꝛc. Der betreffende Bericht an den Kaiser lautet:

Allerdurchleuchtigster und allergnädigster Herr!

Auf Ew. Römisch k. Majestät allergnädigst Decret crafft deffen aintweder die Judenschaft allhier 17.000 fl. auf Pfändter herleihen oder im widrigen Fall wir Ire Synagoge spörren laffen follen, haben wir zu allergehorsamster Vollziehung vns alßbald zu ihnen Juden verfügt und alß wir wohl verspürt, daß Sie angeregte Summa gegen Pfandt darzugeben nit zuehalten, sondern bey ihren eingewendeten Entschul-digungen zu verharren gesunnen, haben wir die anbeuohlene sperren an gedachten der Juden zweyer vnterschieblichen Synagogen wie auch der fürnembsten Gewölber und Zimmer auch Cösten darinnen Sy Ire beste sachen haben (Sintemall die Häuser den Christen zugehörig und derley absonderlich darin wohnen), mit unserem Pettschaft angethan, welches wir allergehorsamst Relationiren vnd benebens zu k. Gnaden vns aller vndertheinigst beuehlen sollen

Ew. khayf. Mayestät
Maximilian Hurlonfer
Blumek.

Ohne Zweifel haben diese Mittel zum Ziele geführt und die hof-befreite Judenschaft konnte sich ferner ihrer Privilegien erfreuen.

Die gemeine Jüdischheit bestand zumeist aus den Brodge-noffen der Hofjudenschaft. Da sie im allgemeinen nicht zahlten, zählten sie auch nicht und läßt sich die Anzahl derselben nicht bestimmen. *)

---

*) Dieser Begriff war übrigens ein sehr elastischer und erinnern wir nur, daß auch in neuester Zeit, vor dem Jahre 1848, manche jüdische Familie bei Tolerirten Schutz genoffen, welche selbstständige Geschäfte führte und ein eigenes Haus machte. Nicht minder bekannt ist es, daß manche unter sonderbarem Titel Schutz genoffen; sie waren nämlich bei den Tolerirten, welche aus der Toleranz und dem Privilegium ein Geschäft machten als Mesusothanschlager, Fleischaus-wascher und Ausfalzer angestellt, während fie felbst manchmal unausgewaschenes und unausgefalzenes Fleisch aßen und das damalige Judenamt ließ sich täuschen, da die Täuschung manchem Beamten nicht unbedeutende Summen einbrachte.

Endlich gab es fremde Juden, die sich in Wien aufhielten. Das Gesetz schrieb vor, daß Juden nur bei Juden Unterkunft finden sollen. Die katholische Geistlichkeit verbot aller Orten, übereinstimmend mit den canonischen Gesetzen, daß Christen Juden beherbergen, weil man die Judaisirung derselben fürchtete. Der Erzbischof zu Prag, Johann Friedrich, gebot zu jener Zeit sogar den Geistlichen seines Curates, denjenigen Christen die letzte Oelung zu versagen, welche Juden beherbergen, und daß das hochwürdigste Gut in kein Haus getragen werde, wo Juden wohnhaft sind. Die Juden selber sahen den Aufenthalt der Fremden nicht gerne. Zu jener Zeit, wo man die Judenheit für den Fehler oder das Verbrechen des Einzelnen verantwortlich machte, kam es wohl manchmal vor, daß die Einheimischen für die Fremden zu büßen hatten. Ueberdies aber meinten die Einheimischen, daß die fremden Juden erwerbstörend einwirken und brachten deßhalb Klagen ein, daß diese ihnen „den Bißen vom Maule," wie sie sich ausdrückten, wegnehmen und in derselben Weise wie die christlichen Bürger die Juden beschuldigten, klagten die einheimischen die fremden Juden wegen Erwerbsstörung an.

Nichtsdestoweniger fanden fremde Juden Aufnahme bei Christen wie aus dem mitgetheilten Berichte zu ersehen ist. Noch ist zu bemerken, daß die hofbefreiten Juden unter der Jurisdiction des Hofmarschalls standen, während die andern Juden unter der Jurisdiction des Magistrates waren und hatten die hofbefreiten Juden auch in dieser Beziehung ähnliche Vorrechte wie der Adel.

Die israel. Gemeinde zu Wien besaß zu jener Zeit zwei Synagogen, die Eine war in der Pariser Gasse, welche die Ecke mit dem Judenplatz bildet und die andere war am Kienmarkt. In den Synagogen wurde auch die Bemessung der Steuern kundgemacht. Aus einer derartigen Kundmachung entnehmen wir, daß auch der Rabbiner und die Rabbinatsbeisitzer besteuert waren und zwar gehörte der Rabbiner zu den höchst Besteuerten, er zahlte 20 Rthlr. jährlich. Unter den Besteuerten befindet sich auch ein Medicinae-Doctor, Aron, Schwiegersohn des Veit Munk. (S. Beil. I.)

Zur Zeit der Uebersiedlung der Juden in die Leopoldstadt war die Gemeinde ohne Rabbiner. Rabbi Abraham Chajim aus Opatow in Polen starb kurz zuvor im Jahre 1623 und Rabbi Jomtob Lipman Heller, dessen Sohn Moses eine Tochter Abr. Chajims heiratete

kam erst im Frühlinge des Jahres 1625 von Nicolsburg als Rabbiner
nach Wien. Doch war die Gemeinde nicht ganz ohne geistliches Ober-.
haupt und hat außer den zwei Dajanim, R. Josef und R. Gerson,
Veit Munk, ehemals Rabbiner in Worms, als Rabbiner fungirt.*)
Außerdem war er zugleich Vorsteher der Gemeinde. Außer ihm fungirten
Abr. Rieß, David Horwiß (dieser war der Sohn des Pinkas**) Horwiß, welcher die Pinkassynagoge in Prag erbaute) und Moses Jeremia
Gerson, Sohn des Moses Kohn oder wie er in der deutschen Urkunde
genannt wird, Moses Jeremias Gerstel.

Wollte man behaupten, daß zu jener Zeit das jüdische Gemeindeleben ruhig und still dahin floß, so würde man sich weit von der
Wahrheit entfernen. Es gab damals „Kehillastreitigkeiten," wie sie heute
noch vorhanden sind. In jeziger Zeit, wo das parlamentarische Leben
mehr entwickelt ist, hat man der Opposition eine Berechtigung zuerkannt
und bekannt ist das Wort des Staatsmannes, er würde sich eine
Opposition schaffen, wenn sie nicht vorhanden wäre. Unter den Juden
hat man der Opposition von jeher eine gewisse Berechtigung eingeräumt
und selbst auf rein religiösem Gebiete, wo der Eine erlaubte, was der
Andere verbot, wurden manchmal beide Ansichten als berechtigt anerkannt. ***) Die Opposition jener Zeit ging nicht aus Meinungsdiffe-
renzen über religiöse Fragen, oder die mit diesen im Zusammen-
hange stehen, hervor, ob etwa der Gottesdienst in dieser oder in
jener Weise abgehalten werden solle u. s. w. In dieser Beziehung
herrschte, so zu sagen, vollkommene Freiheit. Es handelte sich zumeist
um finanzielle Fragen, die Repartirung der Steuern und der sogenannten „freiwilligen Anlehen." Die Steuern als solche waren zwar
nicht sehr groß, aber sehr häufig wurden außerordentliche Steuern oder
Anlehen ausgeschrieben und diese sollten unter den Gemeindemitgliedern
repartirt werden. Dieses war Sache des Vorstandes und des Rabbiners.
Da wurden die Vorsteher angeklagt, daß sie diese Steuern und Anlehen nicht in gerechter Weise vertheilen und insbesondere ihren Säcke
und den ihrer Angehörigen und Verwandten schonen. Die Klagen

---

*) Genannter Veit Munk ist auf dem alten Friedhofe in Wien begraben.
Der scharfsichtige Dr. Zunz hatte die Freundlichkeit, mich darauf aufmerksam zu
machen, daß die Grabschrift, „Inschriften" Nr. 77, die Munk's sei.

**) S. Gal-Ed a. a. O.

***) הללו אוסרין והללו מתירין אלו ואלו דברי אלהים חיים

wurden oft dem Kaiser vorgelegt. Insbesondere wurde darüber Beschwerde geführt, daß der Wahlmodus nicht richtig und die Vorsteher nicht als der wirkliche Ausdruck der Wähler zu betrachten seien.

Es geschah daher auch manchmal, daß zu Zeiten, wenn die Regierung von den Juden Geld verlangte, sich manche überboten, um so nicht blos der Regierung den Beweis ihres Patriotismus zu geben, sondern auch den Glaubensgenossen zu zeigen, daß sie bereit wären für ihre ärmeren Glaubensbrüder einzustehen und für sie die materiellen Lasten zu tragen, wodurch letztere geneigter waren, diesen die Stimme zu geben.

Die Wahl des Vorstandes war damals, wie bis in letzter Zeit in den meisten jüdischen Gemeinden eine indirecte. Sämmtliche Mitglieder der Gemeinde hatten das Wahlrecht und zwar activ und passiv — mit Ausnahme derjenigen, die nach jüdischem Rechte davon ausgeschlossen waren. — Diese wählten die Wahlmänner und diese den Vorstand.

Es wäre jedoch ein Irrthum zu glauben, daß diese Gemeindestreitigkeiten oder die verkümmerte politische Stellung der Juden ihnen alle Lebensfreude und allen Lebensmuth genommen haben. Die Juden haben sich überhaupt, so weit es die Verhältnisse zuließen, stets eine gewisse Heiterkeit des Gemüthes, die Freudigkeit in Gott, gewahrt; und diejenigen kennen Juden und Judenthum nicht, welche meinen, daß die Juden die Ascetik lieben oder daß das Judenthum sie befehle.

Als Beweis, daß unsere Vorfahren zu jener Zeit das Leben von der heitern Seite auffaßten, führen wir an, daß im Jahre 1623 1828 Eimer Wein von den Juden in Wien getrunken wurden und außerdem hatten sie als Vorrath 8771 Eimer liegen, und betrug der Aufschlag für den Wein 7949 fl 15 kr.

Dieses waren beiläufig die Zustände und Verhältnisse der Juden in Wien zur Zeit ihrer Uebersiedlung in den unteren Werd, in die Leopoldstadt.

Die Ursachen, weshalb die Uebersiedlung erfolgte, werden zum Theil in dem kais. Decrete vom 6. Dec. 1624 angegeben. Die innere Stadt Wien wurde zu enge und man suchte Raum zu gewinnen. Ein Theil der Juden wünschte selbst eine Absonderung von den Christen, da das Verhältniß zu jener Zeit zwischen Bürgern und Juden kein sehr freundliches war und sie sich in der Absonderung sicherer fühlten. (S. meinen Ferdinand II. Beil. V.)

Freilich erhoben sich auch Bedenken mannigfachster Art gegen die Uebersiedlung in die Leopoldstadt. Die Juden fürchteten einen moralischen Nachtheil: Bisher standen die Hofjuden, wie bereits bemerkt, unter der Jurisdiction des Hofmarschalls. Der Grund und Boden im unteren Werd gehörte den Bürgern und sie fürchteten daher mit dem Wechsel des Territoriums auch unter die Herrschaft des Magistrates zu kommen. Sie besorgten auch Excesse des Pöbels, da diese Vorstadt, wie bereits bemerkt wurde, sehr gering bevölkert war, und sie daher auf Hilfe nicht rechnen konnten.

Aber auch von Seite der Christen erhob sich Opposition. Die Eigenthümer der Häuser in der Stadt, in welchen Juden wohnten, meinten, sie werden ihre Wohnungen längere Zeit leer stehen haben und die Fischer in der Leopoldstadt wollten ihre Häuser nicht den Juden verkaufen und ihren Platz räumen. Sie meinten, sie haben ihre Häuser erst erbaut und leben von denselben; sie hätten überdies während des Krieges von den Soldaten und insbesondere von den „Polacken" viel zu leiden gehabt und fügten hinzu „sie konnten bey kayserlichen Lustjagden nit bei der Hand seyn und nachsetzen*).

Ungeachtet dieser Petitionen hielt man den gefaßten Beschluß aufrecht und das angeführte kais. Patent erschien. Der Kaiser versprach darin den Juden, daß sie ferner unter seinem Schutze bleiben und nach wie vor unter der Jurisdiction des Hofmarschalls stehen werden. Die freie Religionsübung bleibe ihnen unverkümmert. Sie können ein Frauenbad errichten, Fleischbänke herstellen, ihre Richter wählen und die Amtsfunktionäre: Rabbiner, Lehrer, Vorsinger, Notare, Diener und Schulklopfer anstellen. Die Häuser, die sie erbauen, sollen wie andere christliche Häuser drei Jahre frei von Steuern sein und auch nach dieser Zeit sollen sie nur so viel wie die Christen zahlen und als hofbefreite Juden sollen sie befreit von Militäreinquartierung sein.

Die Juden kauften zunächst 14 Häuser. Der Preis eines Hauses war beiläufig 700—900 fl. und außerdem kauften sie Bauplätze, auf welchen neue Häuser errichtet wurden Zur Ehre unserer Vorfahren

---

*) Der Prater war nämlich zu jener Zeit geschlossen und wurde als Jagdrevier benutzt. Kaiser Max löste bekanntlich den Prater von den verschiedenen Besitzern ein um seine Jagdlust zu befriedigen. Rudolf II. ließ ihn am 7. Aug. 1592 sperren. Wenn Hofjagden stattfanden, hatten die Fischer die Aufgabe, die Herrschaften über das Wasser, das sich an mannigfachen Ortern daselbst befand, zu setzen.

sei es bemerkt, daß das erste Gebäude, welches sie errichteten, eine Synagoge war, welche Zeugniß von den opferwilligen Sinn jener Gemeindemitglieder ablegt. Sie wurde im monumentalen Style gebaut und ist die jetzige Kirche zu St. Leopold, die einstige, große Synagoge, von welcher R. Jomtob Lipmann Heller, der Verfasser der „Tosefot Jomtob" in seiner Selbstbiographie Megillat Eba berichtet, daß sie בנוי לתלפיות war. (Die Synagoge, welche Serachja Halewi erbaute, wurde erst später, beiläufig im J. 1660 erbaut und hatte nicht jenen monumentalen Charakter.)

Wir müssen hier noch auf einen Punkt aufmerksam machen. In der neueren und neuesten Zeit wurde wiederholentlich für die Fähigkeit zum Grundbesitze von Seite der Juden gesprochen und erst in neuester Zeit hat ein kaiserl. Gesetz einem großen Theile von Israeliten in Oesterreich das Grund-Besitzrecht zuerkannt. Viele unserer Glaubensgenossen hingegen — die Juden Galiziens u. s. w. — können in Folge der Begutachtung des ehemaligen Ministers Grafen Goluchowsky nur unter gewissen Bedingungen Grundbesitz erwerben. Diese Verhältnisse waren zu den Zeiten des viel verschrienen Ferdinand II. anders und indem er den Juden die Leopoldstadt zum Aufenthaltsorte anwies, wurde ihnen auch gestattet, daselbst Grund und Boden zu erwerben.

Wie bereits bemerkt, haben die Juden sich nicht gegen das Vorhaben gesträubt, in einem Ghetto beisammen zu wohnen. Jomtob Lipmann Heller, der damalige Rabbiner, rechnet es sich sogar als Verdienst an, daß er die wiener Juden dazu vermochte, abgesondert zu wohnen. Die Sache hatte zu jener Zeit weiter nichts unheimliches: Es war den Juden nicht unbekannt, daß ihre Glaubensbrüder allenthalben im Ghetto wohnen, warum sollten sie gerade eine Ausnahme machen? Der Geist des Separatismus ging überdies damals durch die ganze Gesellschaft. Der Nähr-, Wehr- und Lehrstand und wie die Stände sonst hießen, bildeten abgeschlossene gesellschaftliche Kreise für sich und die Juden waren ebenfalls für sich gesondert. Sie bewegten sich in einem andern Gedankenkreise und führten eine andere Lebensweise, als die christl. Glaubensgenossen. Es konnte ihnen diese Absonderung nur um so angenehmer sein, da sie dadurch weniger dem Schimpf und Spott und oft der thätlichen Beleidigung der Christen ausgesetzt waren.—Sie gingen rüstig an den Bau der Wohnhäuser — darunter ein Gemeindehaus, errichteten ein Frauenbad und legten auch einen Garten an, zum öffentlichen Gebrauche. — Bald jedoch stellten sich durch die Uebersiedlung üble Folgen für die Juden heraus.

Die Juden waren Geschäftsleute und es konnte natürlich nur zum großen Nachtheile ihres Geschäftes sein, daß sie aus der volkreichen inneren Stadt schieden und in die nur spärlich bewohnte Vorstadt zogen. Es braucht nicht des Nähern nachgewiesen zu werden, daß diese Uebersiedlung die Lebensader ihres Verkehres unterband.

Dazu gesellte sich ein anderer Uebelstand. Die Juden waren genöthigt, zu ihrem Unterkommen Häuser zu erbauen. Sie waren darin nicht beengt. Aber indem sie von diesem Rechte Gebrauch machten, fügten sie sich in anderer Weise Schaden zu. Sie verwendeten ihr Geld, womit sie ihre Geschäfte trieben und sich und ihr Haus erhielten, dazu, Häuser zu bauen. 30.000 fl., eine für jene Zeit sehr beträchtliche Summe, waren die Ausgaben im ersten Jahre für die zu erbauenden Häuser, diese wurden dem Geschäfte entzogen, wodurch dasselbe natürlich sehr litt.

Die nothwendige Folge dieser Vorgänge war eine rapide Verarmung. Bald nach ihrem Einzuge in die Leopoldstadt wendeten sich daher die wiener Juden mit einer Bittschrift an den Kaiser Ferdinand II. (S. Beilage II.) Indem sie ihre dermalige gedrückte Lage darstellen, petitioniren sie um Folgendes:

Es möge Ihnen gestattet sein, in der Stadt am Kienmarkte, wie bisher, Gewölber haben zu dürfen, wobei sie es mit in Anschlag bringen, daß sie durch das Hin- und Hergehen viel Zeit zersplittern; ferner bitten sie, es möge ihnen gewährt sein, Märkte auf dem Lande zu besuchen und daselbst ihre Waaren feilzubieten, Handwerke unter sich zu betreiben, (Schneider, Kürschner ꝛc.), Geld auf jüdische Interessen zu borgen; die Pfänder nur ein Jahr zu behalten und sodann soll es ihnen gestattet sein, sie zu verkaufen und bezüglich der Maut wollen sie den Christen gleichgestellt sein.

Zur Erklärung mancher dieser Bitten mögen einige Bemerkungen hier folgen.

Die canonischen Gesetze verboten den Christen Interessen zu nehmen, da es jedoch zu allen Zeiten Leute gab, welche Geld brauchten und diejenigen, die es hatten, nicht immer geneigt waren, bloß ein gutes Werk zu üben, so wurde es den Juden gestattet, Geld auf Interessen zu leihen und haben sie dieses Recht auch von Päpsten erhalten. —

Die Wissenschaft hat den Beweis geliefert, daß es keinen Wucher gibt und der Geldwucher wie der Kornwucher zu den Ammenmärchen eines nationalökonomisch unmündigen Volkes gehören.*) Wenn wir jedoch auch zugeben wollen, daß es Fälle geben kann, in welchen wirklich Wucher Platz greift und der Nothstand von Personen ausgebeutet wird und dieselben verhalten werden unerschwingliche Zinsen zu bezahlen, so ist dabei zu bedenken, daß die Juden auf diesen Erwerb hingewiesen wurden und das Geld das einzige Mittel war, durch welches sie sich von so mancher Qual befreiten. Der Zinsfuß war damals auf Pfänder mit 8pCt., ohne Pfänder mit 10pCt. bemessen, jedoch war das Pfand in der Hand des Gläubigers öfters illusorisch, da er nicht das Recht hatte es zu verkaufen.

Diesen Uebelständen sucht die Petition abzuhelfen. Die Juden bitten auch, daß es ihnen gestattet sei, Handwerke unter sich auszuüben und da sei es gestattet, eine Bemerkung allgemeiner Art zu machen.

„Die Weltgeschichte ist das Weltgericht" so lautet der Satz eines der größten Dichter Deutschlands und wahrlich dieses Weltgericht hat noch bezüglich der Juden so manches Urtheil zu fällen gegen diejenigen, welche Juden und Judenthum verhöhnt, verspottet und verketzert haben. Wir erwarten nicht eine Glorification des israelitischen Volkes, sondern daß demselben Gerechtigkeit widerfahre und zwar auch von denjenigen, die über dasselbe schreiben und — die es nicht kennen.

Wie wir eigenthümlich darein schauen, wenn wir von Hexenprocessen lesen, so wird eine spätere Zeit verwundert die Berichte über die Processe lesen, die man den Juden machte. Einerseits verbot man den Christen, daß sie als Dienstboten bei Juden sein sollen, denn „es soll die Herrin nicht der Magd unterthänig sein", anderseits verbot man wieder den Juden Handwerke zu betreiben. Wir wollen da nicht hervorheben, welche Bedeutung das Handwerk in der Bibel hat und wie es im Talmud gewürdigt wird und zwar ist diese Würdigung um so mehr zu beachten, da in alter Zeit das Handwerk nur Sache der

---

*) Bei uns in Oesterreich bestehen noch die Wuchergesetze. Während der Staat selbst bei den von ihm emittirten Anlehen diese Wuchergesetze überschreitet, sind im Kaiserstaate Realitäten, welche mehr als 400 Millionen Gulden im Werthe haben, auf weniger als 5% verzinst — wie eine jüngst angestellte enquête von Seite des Justizministeriums nachwies.

Sklaven war. Wir erinnern jedoch, daß in der Bibel schon Fälle vorkommen, in welchen den Juden die Handwerker entzogen werden, um sie in solcher Weise in steter Abhängigkeit von den sie umgebenden Völkern zu halten. Als Saul die Zügel der Regierung ergriff, gab es keine Schlosser und Schmiede in Israel und die Israeliten mußten in das Land der Philister ziehen, um sich Hacke und Spaten, so wie Kriegswaffen schärfen zu lassen (Sam I. 13,19) und in späterer Zeit als Nebucadnezar seinen Fuß auf den Nacken Judäas setzte, führte er unter den Geißeln 1000 Schlosser und Schmiede mit sich (Kön. II. 24. 14.) Was in alter Zeit Philister und Babylonier gegen die Juden unternahmen, haben im h. röm. Reiche die Deutschen gethan. Es war den Juden verboten, Handwerke selbst unter sich aus-zuüben und noch in neuester Zeit kostete es einen großen Kampf, um den israel. Handwerkverein in Wien ins Leben zu rufen. Die Juden mußten alle möglichen Anstrengungen machen, damit es ihnen gestattet werde, Handwerke zu üben; und doch gibt es Leute, die noch heute den Juden Vorwürfe machen, sie seien arbeitsscheu.

Die Juden begründeten ihre Bitten auch durch einen nationalökonomischen Grund; sie führten nämlich an, daß sie durch ihren Handel, der ihr einziger Lebenserwerb sei, sich Hoch und Nieder nützlich machen und zwar um so mehr, da sie sich mit einem kleinen Gewinne begnügen und die Waaren verhältnißmäßig billiger als die christlichen Kaufleute geben. Es heißt nämlich in der Bittschrift:

„ . . . Wir auch mit unsere wahren khein großen gewinn suchen uns zu bereichern, sondern allein derbey so viel zu haben begeren, damit wir uns mit den anderen der unserigen durch die Notth durch-bringen khönnen. Vnd vngeachtet etlich wenig Khauffleuth, vns vnsere Handtlung und Nahrung nit gönnen, sondern sich zuwiderstellen, nichts destoweniger wir dieselben in einen leichteren Werth als andere Khauff-leute zu thun pflegen, verkhauffen mit demselben sowohl den frembden als den gemeinen Man dieser Statt ingleichem andere Herren hoch und niedern Stants, Ja auch dem ganzen Landt zu stattlich Nuz und wohlfahrt kommen vnd daher auch verhoffentlich billig, daß auch vns geholffen werde."

Zur Bekräftigung dieser Darstellung der Verhältnisse und zum Beweise, daß die Juden keine exorbitanten Interessen verlangten, führen wir ein Urtheil der damaligen niederösterr. Stände über die christl.

Kaufleute an, in welchen diese geradezu der „Schinderei" angeklagt werden. Der betreffende Passus eines Gutachtens lautet: „sintemal und obzwar man sy die Juden allerhandt Buchers beschrait, doch dennoch erscheint, daß man offt derselben in Kauf vnd Verkhauff viel nützlicher als eben vnsere Mitchristen genißen kann. Wie dann offen am Tage, daß vnter den bürgerl. Handelsleut und Cramern eine solche vberaus wucherlich große Schinderei eingerissen, daß hierdurch fast Maniglich hoch und Niederstandes von ihnen grauiert und beschwört würdet. "

Der Hofmarschall Romb. v. Colalto wurde hierauf vom Kaiser aufgefordert, ein Gutachten abzugeben, welcher Platz in der Stadt am geeignesten für die Verkaufsläden der Juden wäre und dieser schrieb: „Da Ew k. M. der Judenschaft Ir Handlungsgewerb noch verner in der Stadt Wien zu lassen allergnedigst entschlossen, hierzu kein beßerer Ortt alß eben der Khienmarkt, da wo anjetzo die Judengewölber sich befinden vorhanden ist. In erwegung derselbe von den Plätzen und Hauptgassen der Stadt gänzlich abgelegen, auch khein sonderlich Durchgang des Volkes von und zu den Thören gebräuchig ist, außer allein, waß von denen daselbst heußlich wohnen Bürgersleuten nothwendig beschehen muß."

Hierauf ertheilte der Kaiser am 8. März 1625 den Juden ein Privilegium in dem Sinne, wie sie es gewünscht hatten.

Die Juden konnten daher gleich den christlichen Kaufleuten in der inneren Stadt ihre Waaren in eigenen Gewölbern verkaufen anderseits Jahr- und Wochenmärkte beziehen. Sie entrichteten Mauthgebühren gleich den Christen, sie durften auf Pfänder Geld leihen, ihr erlerntes Handwerk unter sich treiben und konnten ihre Rechte und Privilegien unangefochten und „unbekränkt" genießen.

In demselben Jahre 1625, wo die oben angeführte Petition der Juden bewilligt wurde, erschien ein kaiserl. Befehl, welcher die Judensteuern in einer neuen Weise regelte und den wir hier insbesondere hervorheben müssen, weil er in späteren Zeiten wieder aufgenommen ward und bis zum J. 1848 mit nur kurzer Unterbrechung für die ganze Monarchie maßgebend war.

Bis dahin hatten die Juden im allgemeinen dreierlei Steuern zu zahlen: Eine Kopfsteuer, der güldene Opferpfennig (aurum coronarium) welcher auf Kaiser Vespasian zurückgeführt wird, der den halben Schekel (= 10½ Sgr.) welcher in den Tempelschatz fließen sollte, für den römischen Fiscus eincassiren ließ. Dieser gülbene Opferpfennig, beiläufig ein rheinischer Gulden, wurde alljährlich um die Weihnachtszeit gezahlt und zwar für jede Person mit Ausnahme der Kinder unter 12 Jahren. Dann die halbe Judensteuer, d. h. die Hälfte von dem, was sie dem Landesherrn zahlten, endlich die Krönungssteuer beim Regierungs-antritte, vom 3. Theil ihres Vermögens, der 3. Pfennig genannt.

Das Ergebniß dieser Steuerquoten war im Vorhinein nicht zu fixiren, da dieses eben von den Bevölkerungsverhältnissen abhing. Kai-ser Ferdinand wollte demselben einen konstanten Charakter verleihen und er ordnete deshalb im Jahre 1625 an, daß die Juden überhaupt 10,000 fl. jährlich, eine bedeutend höhere Summe als diese Steuer bis dahin betragen hatte, welche zu Gunsten der Stadt-Guardia ver-wendet werden sollte, zu zahlen haben. Es versteht sich von selbst, daß sie nichts destoweniger (trotzdem die Juden durch diese Steuer von den extraordinären Abgaben befreit sein sollten) von Zeit zu Zeit außerordentliche Steuern zahlen mußten und Anlehen repartirt wurden. Den Juden lag es nun ob, dafür zu sorgen, diese 10,000 fl. unter sich zu vertheilen. Bekanntlich war dieser auch bei den spätern Juden-steuern in Böhmen, Mähren u. s. w. der Fall. Nachdem die Juden nach der Vertreibung im Jahre 1670 wieder nach Wien zurückgekehrt waren, bestand diese Art der Besteuerung für sie nicht.

Da man zu jener Zeit das Anlehenswesen in der Weise, wie es heute besteht, noch nicht kannte, und der Staat in Folge unaufhör-licher Kriege stets Mangel an Geld hatte, so nahm man zu dem ein-fachen Mittel der Contributionen Zuflucht. Im Jahre 1622 ver-langte man von den Wiener Hofbefreiten Juden 40 bis 50,000 fl. Es heißt nämlich: die befreite Judenschaft zu Wien soll wegen Ires die Zeit Herr bey der Münz vnd andere geführte Handlungen ha-benden großen Gewinn vnd Nutzen zu einer ergäbigen Contribution von 40 biß 50,000 Gulden verhalten werden, mit Bedrohung, daß sy sonstigen und in widrigen gelbe Huetl oder Paretl zum Khennzeichen tragen werden müßen." In Folge Reklamationen der Juden, wobei die Bereicherung in Abrede gestellt wird, ermäßigte Ferdinand II. Prag den 18. April 1623 diese Summa auf 20,000 fl. Im Jahre 1626 forderte man außer der angeordneten Steuer neuerdings eine

Contribution von 10,000 fl. Die Juden meinten, sie seien nicht in der Lage mehr als 2500 fl. zu geben. Damit gab man sich nicht zufrieden. Die Juden boten an weitere 500 fl. mit dem Bemerken: „Es ist eine solche Armut unter uns, daß es einen Stein erbarmen möcht."

Wir haben bisher von den Lebenden gesprochen. Wir müssen nun auch der Todten gedenken. Die Grabstätte der Juden in alter Zeit ist nicht genau zu bestimmen. Es läßt sich auch nicht mit Sicherheit angeben, wann der alte Gottesacker in der Roßau neben dem Spitale zur Friedensstätte bestimmt wurde. Der älteste Leichenstein daselbst trägt das Datum 5300 n. E. d. W., vom Jahre 1540, ohne Zweifel aber wurde er sofort nach der Wiederkehr nach der Vertreibung im Jahre 1421 benutzt. An die Gewähr jedoch wurde derselbe unter Ferdinand II. im Jahre 1629 geschrieben *). In Verbindung mit dem Gottesacker war auch ein Spital, d. h. nämlich es war neben demselben ein Häuschen, wo hin und wieder ein Kranker gepflegt wurde, wie dieses noch jetzt in vielen jüdischen Gemeinden üblich ist, daß neben dem Gottesacker eine Herberge für zugereiste Fremde welches zugleich ein Spital für Kranke ist, sich befindet.

Ein Jahr hernach 1630 befürwortete der Cardinal Clesel die Ausweisung der Juden aus Wien; doch der Kaiser ging darauf nicht ein, nachdem er ein derartiges Mandat vom Jahre 1626, das er hatte ergehen lassen, zurücknahm.

Dieses beiläufig waren die politischen Verhältnisse der Juden in Wien unter Ferdinand II. Wir können es nur wiederholen, diese Verhältnisse waren nicht beneidenswert, aber sie waren besser als sie es bis dahin waren. Hervorgehoben mag es übrigens auch werden, daß Ferdinand II. einen Juden in den österreichischen erblichen Adelsstand erhob, nämlich den Jacob Bassewi, Edlen von Treuenburg aus Prag, welchem es auch gestattet war in Wien eine Synagoge zu errichten.

Wenden wir uns nun zu den innern Zuständen der Juden. Wir werden uns in der Beziehung kürzer fassen können, da uns Quellen zur genauen Darstellung derselben nicht in genügender Weise zu Gebote stehen. Die Juden jener Zeit hielten es nicht für nothwendig,

---

*) Der Gottesacker wurde alle 10 Jahre an die Gewähr geschrieben und dafür eine Steuer entrichtet. Obiges Document ist das erste, was sich vorfindet.

die Verhältnisse ihrer Zeit niederzuschreiben, um sie den kommenden Geschlechtern zu bewahren, und selbst wenn sie es gethan haben würden, wer weiß es, ob sie sich bis auf unsere Zeit erhalten hätten; auch in den Staatsarchiven findet sich sehr wenig darüber. Die Behörden mischten sich im Allgemeinen nicht in die innern Angelegenheiten der Juden. Damals kannten die Behörden nur Juden, — das Judenthum war eine streng innere Angelegenheit.

Die Streitigkeiten auf religiösem Gebiete, die zu jener Zeit statt fanden, waren zwischen den Halachisten und Kabalisten und finden wir unter den Rabbinern, die zu jener Zeit hier waren auch diese beiden Richtungen vertreten. Während nämlich die Juden im untern Werd wohnten, fungirten als Rabbiner Jomtob Lippman Heller, Sabbatai Scheftel Horwitz, welcher auf dem alten Gottesacker begraben liegt, und Gerson Dulif Aschkenasi. Horwitz vertrat die kabbalistische Schule, Lippmann Heller und Gerson Aschkenasi die Halachische. Nebenher sei es bemerkt, daß, wie aus den genannten Namen hervorgeht, die hiesige Gemeinde stets Männer von Namen und Ruf an ihrer Spitze hatte.

Die Wirksamkeit des Rabbiners in der Gemeinde beschränkte sich, wie sich das von selbst versteht, nicht darauf in rituellen Fragen Bescheid zu geben. Zu jener Zeit bestanden die Rabbinatsgerichte in voller Kraft und galten als erste Instanz in Streitigkeiten zwischen Juden und Juden. In Folge der pauschalen Judensteuer von 10,000 fl. wuchs die Beschäftigung des Rabbiners, denn unter seinem Vorsitze wurde wie bereits bemerkt, die Steuer den Mitgliedern auferlegt, um in solcher Weise so viel als möglich jeder Ungebühr und Ungerechtigkeit vorzubeugen. Lippmann Heller rühmet sich in seiner Selbstbiographie, daß er Statuten für die hiesige Gemeinde verfaßt habe. Er gibt jedoch nicht an, welcher Art diese Statuten waren, und zu welchem Zwecke; es findet sich überhaupt nichts über dieselben und aus denselben vor.

Als Mittel, damit die ertheilten Befehle nach festgesetzter Ordnung aufrecht erhalten werden, hatte man den Bann. Bekanntlich gab es schon in alter Zeit einen dreifachen Bann, um die Ungehorsamen zum Gehorsam zu zwingen. Dieses Mittel scheint aber damals nicht die gewünschte Wirkung geübt zu haben. War es ein Geist der Reform, welcher sich gegen diese Institution auflehnte, oder war es sonst irgend ein anderer Grund — genug die Gemeinde suchte ein anderes Mittel um die Renitenten — und es handelte sich zunächst um die säumigen Steuerzahler — zu ihrer Pflicht zu verhalten. Die Juden baten nämlich den Kaiser, daß es ihnen gestattet werde, einen eigenen Kerker zu haben, da die Juden in Prag sich eines ähnlichen Vorrechtes erfreuten.

Zwei Bittgesuche liegen in dieser Beziehung vor (s. Beilagen III. und IV). In dem einen heißt es: „... wir zur Einbringung dieses Gesetzls außerhalb unseres gewöhnlichen jüdischen Paans sonsten kein anderes executionsmittel haben: weil aber sich befindet, daß mancher zimblich lang, In dem Paan verharret Eh er sein Gebühr zu dieser Contribution einlegt und solcher Verzug nit allein Bnß, sondern auch vnd viel mehrere Ew k. M. an angeregter Contribution ein merkliche Verhindernuß."

In dem 2. Bittgesuche, von den Aeltesten und Judenrichtern weisen sie auf ihre schlechten Verhältnisse hin und beklagen sich insbesondere über die Fremden, die ihnen den Erwerb verkümmern. Nicht minder beklagen sie sich über die Juden aus Niederösterreich, welche ebenfalls verpflichtet wären an dieser Steuer zu participiren (später zahlten diese Juden insbesondere 4000 fl.) und die alle möglichen Ausflüchte gebräuchen, worin sie von den Ortsbehörden unterstützt werden, um dieser Steuer zu entgehen. Sie suchten die fremden Juden, die mit ihrer Steuer rückständig waren, dadurch zu bestrafen, daß sie ihnen die Beherbergung versagen; doch diese suchten dann bei Christen Unterkunft und fanden sie.

Bevor wir über die Erledigung dieser Gesuche berichten, wollen wir Einiges über den Vorstand der Gemeinde, von dem die Gesuche ausgingen, sprechen. Der Vorstand bestand damals aus 16 Personen und zwar aus 5 Richtern, die bis auf den heutigen Tag in den Vertretern sich erhalten haben,*) zwei Beisitzern, 6 Juristen, welche bei Streitigkeiten fungirten oder auch wenn der Gesammtvorstand zu wichtigen Berathungen zusammenberufen wurde und 3 Raithändlern, welche das Cassawesen der Gemeinde besorgten. Außer diesen gab es Ehrenämter, welche von Seite des Vorstandes vergeben wurden und zwar Einnehmer, Commissaririchter (welche so zu sagen die Polizei in der

*) Während kurzer Zeit, vom Jahre 1792 bis 1805 fungirten blos drei Vertreter.

2*

Judenstadt übten) Kirchenväter — jetzt Synagogenvorstand — und Raithändler.

Es mag hervorgehoben werden, daß in der wiener Gemeinde nicht wie in andere jüdischen Gemeinden, der Vorstand unter einem Oberhaupte (Rosch hakahal) stand. Stets war es ein Collegium, welches an der Spitze der Gemeinde war. Möglicherweise war dabei auch der Gedanke maßgebend, daß man die Gewalt nicht in einer Hand concentrirt wissen wollte, die vielleicht dieselbe mißbrauchen könnte und die Wiener israel. Gemeinde war zu allen Zeiten von großer Wichtigkeit, da hier die Angelegenheiten der Juden überhaupt vertreten wurden und Wien gewissermassen als Vorort nicht nur der Juden in Oesterreich, sondern auch der in Deutschland betrachtet wurde. Und wirklich haben die wiener Juden ihre Stellung stets erkannt und auf das eifrigste das Interesse ihrer Glaubensbrüder gefördert. So wollen wir aus dieser Zeitepoche hervorheben: In Hanau predigten katholische Geistliche wider die Juden und erhoben die Anklage, die Juden haben den langwierigen Krieg verschuldet und er werde dann aufhören, wenn man die Juden aus dem ganzen heil. römischen Reiche vertreiben möchte. In Folge dieser öffentlich ausgesprochenen Anklagen und Beschuldigungen wurden die Juden in Hanau noch mehr bedrückt als sonst und anderswo. Die Wiener Juden appellirten hierauf an den Kaiser, verwendeten sich für ihre Glaubensbrüder in Hanau und beriefen sich auf die Privilegien, welche die Juden haben und gaben dem Gedanken Ausdruck, daß nicht ein neues Gährungselement in die ohnedies durch Kriegsläufe aufgeregte Zeit hinzukomme. Der Kaiser gewährte diese Bitte und forderte den Grafen Moriz zu Hanau auf (Wien 12. Juli 1627) die Juden wieder ihre Privilegien nicht zu beschweren und „keine occasion zu Aufwiglung des gemeinten Volks zu geben." *)

Zur Steuer der Wahrheit und zur Ehre der Menschlichkeit müssen wir bemerken, daß sich auch zu jener Zeit hervorragende Männer aus dem katholischen Clerus fanden, welche für die Juden das Wort nahmen und ihre schreckliche Lage zu mildern suchten. So nennen wir den damaligen Cardinal-Bischof zu Olmütz v. Dietrichstein, welcher wiederholentlich das Wort für das „armseligliche Völklein" der Juden nahm. Einmal legte er eine Fürbitte für die Juden in Böhmen, Mähren

---

*) Vergl. meinen Ferdinand II. und die Juden.

und Niederösterreich ein. Die damaligen niederösterreichischen Stände riethen jedoch von weiteren Concessionen ab, da sie meinten, daß dadurch ihre Privilegien verkürzt würden. Ein anderes Mal befürwortet er die Bitte der Juden zu Burgau, um Erleichterung ihrer Lage, was nicht ohne Erfolg blieb.

Die Wahl des Vorstandes war eine directe; ein Vorgang wie er jetzt in Wien noch üblich ist. Wahlberechtigt war Jedermann, der zur Gemeinde gehörte, der Modus der indirecten Wahlen, wie er in Böhmen und Mähren seit den Zeiten Ferdinands I. Platz gegriffen hatte, wie wir dieses im Wertheimerschen Jahrbuche 1862/63 in dem Aufsatze: „zur Geschichte des jüdischen Gemeindewesens im Mittelalter" nachgewiesen haben, bestand damals hier nicht.

Der Vorstand sowie der Rabbiner mußten von Seite des Kaisers bestätigt werden und war dieses zunächst deshalb, weil dem Rabbiner und dem Vorstande ein Theil der Gerichtsbarkeit eingeräumt war und sie, wenn auch nach jüdischen Gesetzen, doch im Namen des Kaisers Recht sprachen und man sie dadurch mehr in Respect setzen wollte. Anderseits mochte das kais. Veto (obschon uns nicht bekannt ist, daß je von demselben Gebrauch gemacht wurde; man bedurfte auch zu jener Zeit dieses Mittel nicht, es standen den Behörden andere Wege offen, um ihre Ansichten zur Geltung zu bringen) für manche Fälle als zweckmäßig erkannt worden sein.

Noch haben wir hinzuzufügen, daß unter den Richtern abwechselnd ein Monatsvorsteher war (Parnaß hachodesch), welcher die laufenden Geschäfte besorgte, auch stand es dem Vorstande frei, wenn während der Amtsverwaltung ein Mitglied austrat oder durch Tod abging, sich nach eigenem Ermessen zu ergänzen.

Kehren wir nun zurück zu den zwei Gesuchen, welche die Wiener Juden einreichten, in welchen sie baten, daß ihnen die Errichtung eines Kerkers gestattet werde.

Der Hofmarschall um ein Gutachten über diesen Gegenstand angegangen (wie bereits bemerkt, standen die Hofbefreiten Juden unter der Jurisdiction des Hofmarschalls) berichtete unter dem 30. Sept. 1632: „Vnd sonsten ohne das wann Judt mit Juden zu thun den Eltsten und Richtern, welche iährlich vmb mehrers ihres Respects willen von Ew Majestät confirmirt werden wie bishero überlassen" hat daher nichts dagegen einzuwenden, da er ohnedies genug zu thun habe.

Hierauf erfloß am 23. November 1632 das k. Patent, in welchem den Juden gestattet wurde, einen Kerker zu erbauen und dem Vorstande die Macht gegeben ward, „alle gebührlichen Compellirungsmittel mit Arrestirung ihrer Personen oder derselben Haab und Güter auch Sperrung ihrer Gewerb und Handlungen so lang verfahren mögen und sollen biß die Gebühr der schuldigen Quote und Portion allerdings völlig entrichtet und bezahlt worden," ferner heißt es: „Über dieses und zum andern, damit daß böse vndter Inen gestraffet, Entgegen alle gute Policey und Ordnung erhalten werden also vnd zum Fahl wegen Ir der Juden miteinander und vndter Inen selbste allein aufgerichteten Contracten, Handlungen, gesellschaften, Geldtschulden und allen anderen Civilsachen wie die genannt, Stritt, Irrungen, Zwietracht, injurien auch Rauff und Rumorhändel zutragen oder auch aus Irer und Irer Mitgenossen sich Jemandts, wer der auch sey, wider Ir Jüdisch gesaz, Ceremonien und Policey widersützig erzeigen oder den Rabbiner, Richter und Elbisten verordnungen und auflagen nicht pariren noch gehorsamen wollen, So geben wir Ir der Judenschaft Macht und Gewalt ihn einzusperen." Am Schlusse jedoch wird bemerkt: „Und Sy Juden sich der Gefengnuß am wenigsten nicht mißbrauchen sollen."

Eigenthümlich genug haben sich in jener Zeit der Ausnahmegesetze und Privilegien einige Juden sofort die Bevorrechtung erwirkt, daß sie von dieser Strafe der Einsperrung verschont bleiben sollen und zwar: Isr. Wolf, Josef Plan, Sam. und David Auerbach, David Schey und Sal. Mayer; jedoch wurden diese Privilegien in Folge der Beschwerden der Juden wieder aufgehoben.

Bald hernach, am 16. Februar 1637 starb Kaiser Ferdinand II., der für die Juden erträgliche Verhältnisse herbeiführte, wie sie in der darauffolgenden Zeit nicht besser wurden. *)

---

*) Es sei mir bei dieser Gelegenheit eine persönliche Bemerkung gestattet. Zur Zeit, als das Concordat in der höchsten Blüte stand, als man damit umging, christlichen Dienstboten zu verbieten, bei Juden in den Dienst zu treten und anderseits wieder die sogenannte orthodox-jüdische Kirche — wie jüngst der Ausdruck lautete, der, wir constatiren dieses mit Vergnügen, vom Gerichtshofe desavouirt wurde — zu unterstützen suchte und man den Juden verbieten wollte, am Sabbat Verkaufsläden und Comptoirs offen zu halten, veröffentlichte ich zu Ehren meines väterlichen Freundes, Dr. B. Beer, s. A. eine Schrift „Ferdinand II. und die Juden." Es standen mir damals nicht die Mittel zu Gebote, wie heute, nichts-

Ferdinand II hatte sich am 14. Febr. 1622 zum zweiten Male mit Eleonora, Tochter des Herzogs von Mantua verheiratet. Diese blieb nun als Kaiserin-Witwe zurück und die Juden in Wien hatten derselben jährlich 2500 fl. zu reichen.

Es ist hier nicht der Ort, die Weltlage zur Zeit als Ferdinand III. das Erbe seiner Väter antrat, zu schildern. Währenddem man in Oesterreich daran arbeitete, die Religionseinheit herzustellen, suchte man anderweitig das deutsche Reich aus seinen Fugen zu reißen. Die Juden bildeten nur in so ferne einen Factor, wenn es sich darum handelte zu entscheiden, wem und wie viel sie Steuern zu zahlen haben, wessen Gut sie eigentlich seien. Ferdinand III. gehörte nicht zu den energischen Charakteren, welche neue Situationen zu schaffen im Stande sind. Er hatte den sehr schönen Wahlspruch: pietate et justitia. Es ist jedoch unnöthig zu bemerken, wie gottlos oft die Frömmigkeit handelt und wie ungerecht manchmal die Justiz vorgeht, jenachdem man eben etwas für fromm oder für gerecht hält. Doch wir wiederholen es, Ferdinand III. griff nach keiner Seite aus und bewegte sich in dem Kreise der Anschauungen seiner Zeit.

Die erste Aufgabe der Juden beim Antritte der Regierung des neuen Kaisers war die Bitte um die Confirmation der Privilegien. Wir haben schon in unserer „Zur Geschichte der Juden in Worms"

---

bestoweniger gelang es mir den Beweis herzustellen, daß „Strenggläubigkeit im Katholicismus nicht Hand in Hand mit Judenhaß und Verfolgung geht" und daß die Juden in ihren Angelegenheiten autonom waren. — Die damalige Preßbehörde verbot die Ausgabe dieser Schrift. Der Liberalismus (?!) dieses erzkatholischen Kaisers schien ihr eine zu starke Persiflage auf die Verhältnisse der damaligen Zeit zu sein; dankbar erkenne ich es an, da dieses Verbot für meine Schrift große Reclame machte. Aufgeklärte Männer waren wieder darüber erstaunt, daß Jemand, der sich zur freisinnigen Partei bekennt, ein Loblied auf Ferdinand II. anstimmen kann. Und doch habe ich nur in redlicher Weise das mir zu Gebote gestandene Materiale benutzt und das neu Aufgefundene bestätigt meine früheren Behauptungen. Wohl fällt es mir nicht ein, zu glauben, Ferdinand II. sei getränkt von liberalen Ideen gewesen und daß er ein Verfechter der Menschenrechte war; aber in Beziehung auf Juden, insoferne er ihre materiellen Mittel nicht in Anspruch nehmen wollte, hat er, insbesondere, wenn man die damaligen Zeitverhältnisse mit in Anschlag bringt, keine Ungerechtigkeit geübt und sich nicht in ihre Angelegenheiten gemischt.

Und diesen Wunsch hegen wir auch heute, daß die Regierung sich ferne davon halte, zu entscheiden, was Judenthum sei.

(S. 2) darauf hingewiesen, daß die Verhältnisse der Privilegien in früherer Zeit anders waren als dieses jetzt der Fall ist. Das Privilegium war der Ausfluß der Willensmeinung des betreffenden Monarchen und war trotz des Ausdruckes „für Uns und Unsere Nachfolger im Reiche" der gewöhnlich vorkommt, für die Nachfolger nicht bindend*).

Bevor jedoch irgend ein Beschluß in dieser Angelegenheit gefaßt wurde**) theilte die Regierung am 22. Juli 1638 „denen von Wien" (dem Magistrate) mit, daß nach kaiserlicher Entschließung die Judenschaft im Allgemeinen unter der Jurisdiction des Magistrates gestellt werde, daß derselben nur zwei Gewölber in der Stadt gestatten sein sollen, wo sie ihre Pfänder aufbewahren können und daß die Juden nicht mehr in der Stadt, viel weniger in der Burg geduldet werden sollen. Aus letzterem Passus scheint hervorzugehen, daß Juden zu jener Zeit ihr Quartier in der Burg aufgeschlagen und gewissermassen als Hofjuden wirklich in

---

*) Wir müssen um so mehr auf dieses Moment aufmerksam machen, da sich bis auf die neueste Zeit Corporationen rc. auf erhaltene Privilegien berufen und doch hatten und haben dieselben keine Giltigkeit, insoferne sie nicht neuerdings bestätigt wurden; folgende allerhöchste Entschließung vom 16. November 1849 dürfte daher nicht ohne Interesse sein: Se. Majestät haben nämlich unter obigem Dátum zu genehmigen geruht, daß eine Bestätigung der Privilegien aus Anlaß des Allerhöchsten Regierungsantrittes nicht stattzufinden habe, daß jedoch alle jene Privilegien, welche von Ihren Majestäten den Kaisern Franz I. und Ferdinand I. verliehen oder von erstgenannten Majestäten bestätigt und nicht seither widerrufen oder abgeändert worden sind, bis auf weitere Weisung fortbestehen können, insofern sie nicht mit bestimmten Gesetzen und Einrichtungen im Widerspruch stehen; endlich mit dem Vorbehalt, daß wenn gegen solche Privilegien in der Zeitfolge entweder von Privaten oder von Behörden Anstände erhoben werden, in jedem einzelnen Falle von dem einschlägigen Ministerium zu entscheiden ist, ob das Privilegium fortdauern könne oder nicht. In Folge dieser allerhöchsten Entschließung wurden auch mehrere Petenten, welche ihre alten Privilegien aufrecht erhalten wissen wollten, abgewiesen. Unter Anderen wurde auch der Wiener Gemeinderath mit einer ähnlichen Bitte abgewiesen. Die Wiener Commune besaß nämlich von Herzog Albrecht, Lichtmeßtag 1383, das Privilegium des Heimfallsrechtes auf erblose Güter. Ferdinand I. bestätigte am 12. März 1526 dieses Privilegium, und unter Kaiser Franz I. wurde es mittelst Hofkammerdekret vom 21. September 1819 neuerdings bestätigt. Im Jahre 1856 machte der Wiener Gemeinderath aufs Neue dieses Privilegium geltend, doch wurde er, wie bereits bemerkt, abgewiesen. („Presse." 2. April 1863.)

**) Die Vorsteher der Juden waren damals: Zacharias Mayer, Dabid Frankel, Abraham Hecht, Salomon Wolf, David Nathan, Lembel Rieß.

der nächsten Nähe des Hofes wohnten, denn nach der Stadt zu kommen war ihnen um so gewisser auch ferner erlaubt, da sie daselbst Magazine hatten. Das betreffende Schreiben lautet:

„Von der röm. kaif. auch zu Hungarn und Böhaimb königl. Mt. Erzherzogen zu Oesterreich vnseres allergnädigsten Herrn wegen durch die NOe. Regierung denen von Wien anzuzeigen Allerhöchsternannt Jre kayf. Mt. haben sich der allhiesigen Judenschaft halber hber gehöriger orthen abgefordert auch Einkhombenen Bericht vnd Guthachten am dato den 22. May dies Jahres vnder andern allergnädigst resolvirt, das hinfüro alle vnd Jede allhier sich befindende Juden ohne Vnterschaidt dem bürgerl. Magistratus, wie vor diesem Gewessen, bis auf weitere Jrer kayf. Mt. allergnädigste disposition in realibus, personalib. & criminalibus vndergeben Jnen Juden auch mehrers nit, alß nur zwai Gewölber in der Stadt Zuuerwahrung der etwa sich bei ihnen befindenden Christenpfänder verstattet. In dem hbrigen aber sie mit aller Handlung aus der Stadt geschafft, kheiner weiter mehr darin gelassen, vil weniger bei Hofe, oder in der Burckh hinfür geduldet werden, sondern ihnen allen Zutritt gänzlich verbotten sein sollen, dessen mann Sie von Wien sowol auch anderer gehörigen Orthen die intimation beschehen, himit erindern wollen.“

Bald hierauf 5. Nov. 1638, ertheilte Ferdinand den Juden im Sinne seines Vorgängers Privilegien und wurde denselben gestattet, statt 2 Magazine 4 in der Stadt halten zu dürfen. Eigenthümlich ist es, daß sich auf dem Dokumente in lateinischer Sprache die Bemerkung findet: „In Gegenwart des durchlauchtigsten Erzherzogs Leopold Wilhelm, Bischofs von Wien.“

Die Maßregel, daß die Juden unter der Jurisdiktion des Magistrates stehen sollen, wurde mittelst Dekretes vom 27. Nov. 1641 aufgehoben, und wurde ferner bestimmt, daß in Streitigkeiten zwischen dem Magistrat und den Juden, die Proceffe nicht vor den Reichshofrat, sondern unmittelbar beim Kaiser anzubringen seien *). Der betreffende Passus lautet:

„So dan nun aniezo außgewisen vnd Erheblichen Vrsachen mehr höchsternannt ihr khayf. Mahst. sich sub dato 22. November biß

---

*) Der ehemalige Stadtarchivar Tschischka hat dieses Dokument wie manches andere übersehen und sind daher seine Angaben (Geschichte der Stadt Wien, S. 823) zu berichtigen.

Jahrs mehreres allergnädigst resoluirt und beruerte Wienerische Judenschafft mit Jurisdiktion und Administrirung von Justitia widumb
der obristen Hoffmarschalchambt zuegeaignet vnd annertraut und zwar
dergestalt, daß auch die bey Jnen von Wien vnd dem khayf. Statt-
gericht Jr b. Juden halber hienzwischen einkhomene vnd anhenhig ge-
machte Rechtssachen vnd Proceß in deren Terminis darin sich selbige
der Zeit befinden mit denselben zugleich dahin remittirt vnd gegeben,
nochmals aber die Reuisiones sententiarum andere prouocationes
supplicationes vnd sonsten alle andern Furthombente grauamina
vnd beschwerdte, vnd von denen, nicht an den Reichshoffrath,
sondern Jederzeit vnd immediate an Jr khayf. Maynst. selbst alß
Erzherzogen zu Oesterreich gebracht alda remedirung gesucht vnd
derselben durch Dero Gehaimbe Osterreichische Hoffcanzley zu Dero
gnädigste Resolution gehorsambst referirt vnd die Notturfft darüber Expedirt vnd außgefertigt werden sollen, deßen man Sie von
Wien maßen Sie solches dem khönigl. Stadtgericht alhier auch inti-
mirt worden hiermit Erinnern wollen."

Es liegen uns die Gründe nicht vor, welche darlegen würden,
warum Ferdinand III. die Juden anfänglich unter die Jurisdiktion
des Magistrates stellte, und sodann diese Verordnung wieder aufhob.
Soviel jedoch ist gewiß, daß die Juden lieber dem Hofmarschallamte
untergeordnet waren. Das Bürgerthum stand damals den Juden
sehr feindlich gegenüber. Der gemeinste Krämerneid, welcher religiöse
Gründe zum Vorwande nahm, glaubte sich zum Haße berechtigt und
ließ kein friedliches, freundliches Zusammenleben zu und verhinderte
eine gerechte Beurtheilung des Lebens und Strebens der Juden. Wenn
nun auch in den höchsten Kreisen die Lage der Juden nicht vorur-
theilsfrei betrachtet wurde, so war daselbst mindestens der Krämerneid
nicht vorhanden. In jenen Kreisen betrachtete man überhaupt die Juden
als ein Steuerobjekt, als Kammerknechte, welche der kaiserlichen Kammer Tribut zu entrichten haben, und man gewährte ihnen manchmal
das Eine oder das Andere, damit sie die Steuerkraft nicht verlieren,
wie man dem Lastthiere Futter reicht, damit es die Tragfähigkeit nicht
einbüße. Unter den Behörden selbst brach sogar manchmal der Streit
aus, ob die Juden als politisches oder als kameralistisches Objekt zu
betrachten seien, und wenn die letztere Ansicht siegte, waren die Juden
gewissermaßen geborgen. Der Hof war auch öfters genöthigt, die

Juden als kameralistisches Gut zu betrachten, da die Finanzangelegen-
heiten in einem sehr schlechten Zustande waren. So lieferten z. B.
die jüdischen Hofhandelsleute Paul Krembs und Abraham Wundt
die Spezereiwaaren für den Hof im Betrage von 3526 fl. und mußten fünf Jahre lang auf die Bezahlung warten.

Die Juden lieferten zu jener Zeit, wie auch später die Kleider
für die Soldaten. So z. B. lieferte Jakob Donat aus Boskowitz in
Mähren 150 Soldatenkleider zum Preise von 7 fl. 8 kr. 1½ Pfen-
nige per Stück, welches 1070 fl. 45 kr. ausmachte *).

Auch die Wiener Juden machten dem Aerar in dieser Richtung
Lieferungen und lassen wir ein hierauf Bezug nehmendes interessantes
Schreiben des Erzherzogs Ferdinand an den Kaiser folgen:

„Gnädigster Herr und geliebtester Herr Vatter! Auf Ew. k. M.
allergdste Beuelch hab Ich vermittels dero angesetzten Obristen Hoffmarschall 1500 Soldatenkleider mit Ihrer Zugehörung an die Wienerische Judenschaft, Nemblich 500 deren gratis und die Übrigen an
Irer Jährlichen Contributionsquota zu defalciren ernstlich begeren
lassen, worauf mir an heut von gedachtem angesetztem Hofmarschallen
diser Bericht eingelangt, daß die Juden anstatt solcher begerten 1500
Soldatenkleider allein 100 Stück Mährische Tücher zu wegen zu bringen, sich erbotten doch das daß einte drittl gratis, die andern Zway
drittl aber Inen ins künftig, an Iren quartalen defalciert werden
möchte. Worbey Er angesetzter Obr. Hoffmarschall anregen thuet daß
under derselben Judenschafft, die eußerste armut obhanden, und er dahero sehr zweifle, wan gar die scherffeste Execution gegen Inen geführt werden solte, ob eine solche Summa herauszupressen sein werde.
— Ich lasse Ihme aber ungehindert dessen weiter anbeuelchen, daß Er
bemelter Judenschafft zu dem waß Ew. k. M. allergdst begeren lassen
verners behandeln auch mit allem ernst und durch würckliche Execution
darzue anhalten solle, waß unnß darauff erfolgen wirdt will Ew. k.
M. Ich gleichermaßen allsobald zu berichten nicht ermangeln. Dero-

---

*) Jakob Donat, gestorben 1667, liegt auf dem alten israel. Friedhofe in
der Roßau in Wien begraben. In den „Inschriften des alten jüdischen Friedhofes
in Wien" (S. 51, Nr. 316) wird er irrthümlich zum Don gemacht; doch hat der
gute Mann wohl nie den Tajo oder den Quadalaquivir rauschen gehört.

felben mich babeh zu beharrlichen Vätterlich lieb, Affection vnb tahf.
Hulden gehorſambiſt beuehlenb

Euer k. M.

Eberſtorff
ben 5. Oct. 2647.
Vnterthenigſt gehorſamſter
Sohn vnb Diener
Ferbinanb *).

Während in ſolcher Weiſe die Juden für das Militär Kleiber anfertigten unb lieferten (das Privilegium Ferdinand II. geſtattete ben Juden Handwerke zu betreiben), verbot der Magiſtrat in Wien ben Juden baſelbſt neue Kleider anzufertigen, dieſelben zu verkaufen oder ſich Geſellen zu halten, wie folgende Zuſchrift zeigt:

„Vom Burgermeiſter vnb Rath der Statt Wien N. Richter unb Geſchwornen in Vntern Wörth hiemit in gn. anzuzeugen, Eß haben die Zöchmeiſter vnb ein bürgerl. Schneiderhandwerth alhier einen löbl. Stadt Rath in gehorſamb beſchwerweiß angezeigt, Wie das Vuter anderen Storern vnb Gewandtlern auch Vnter alhieriger Judenſchafft, ſich etliche befinden, die zuwider Jrer von der Röm k. M. vnſern allergbſte Herrn vnb Landtsfürſten Neu Conſtirmirten Handwerksordnung vnb Privilegien nicht allein neu geſchnittene Gewanther verkhauffen, ſondern aigene Storer vnb Stimpler zu machung der Claider halten, thun benebens gebetten Crafft angezogene Jres privilegii allen vnb jeden Juben Jr ungeſchnittene Gewandter hinweggenohmen, ſolche als bann au gebührenden Orth, ſintemallen der Geföll halber die tahf Hoffcammer barbeh intereßirt transferiren vnb liefern zu laſſen benebens die Störei u. Stimpler wirkhlich abzuſchaffen, wan ban ein Statt Rath ober ben beh Jr der Judenſchafft beßwegen eingenohmene Augenſchein vnb einkhombenen Bericht Jr der Burgl. Schneider beſchwär anbrachter maſſen beſchaffener vnb Jr begehren zumallen es zu allerhöchſt gebachte tahf. M. allergbſte intention gereicht für erheb vnb billig befunden.

Alß wirbet Jnen Richter vnb Geſchworenen hiemit Rathswegen anbefohlen, allen unb Jeden in der alhieſigen Juden Statt

---

*) Dieſer Ferdinanb, welcher bereits zum König von Böhmen unb Ungarn gekrönt war, ſtarb bekanntlich nach kurzem Krankenlager an ben Blattern unb überlebte ihn ſein Vater.

sich befindenten Juden darauf Sye burgerliche Schneider zeigen werden daß saill haben vnd verkhauffen der Neugeschnittenen Gewandter aniezo vnd hinfüro genzlichen zuverbiethen vnd einzustellen, wie auch die bey Jnen sich befindenten Storer und Stimpler ab vnd hinweg zuschaffen, da aber wieder solche inhibition vnd verboth auch Abschaffung Sy sich verner betretten lassen wurden, inhalt angezogener Privilegien Jnen Juden die verbottenen Claider hinwegg zu nehmen vnd gehörigen Orthen zu transfcriren die Storer vnd Stimpler aber in arrest vnd Verhafft zunehmen, auch der sachen beschaffenheit nach gebührent abzustraffen denen Sye Richter vnd Geschwornen dan gehorsambliich nachzukhomben.

actum den 8. Aprill 1644."

Einen ähnlichen Uebergriff ließ sich auch der Magistrat im Jahre 1649 zu Schulden kommen, indem er Juden Steuern auferlegte, die sie nicht zu tragen verpflichtet waren, und lassen wir das interessante Schreiben der Regierung an den Magistrat in der Beilage V. folgen.

Wenn aber in solcher Weise die Wiener Juden von Seite der Regierung in ihren Rechten geschützt wurden, so verlangte man um so nachsichtsloser die Ausweisung der fremden Juden. So wurde 1643. 4. May befohlen, die fremden Juden auszuweisen, damit „wann künftig etwa die leidige Seich der Infection vnter der Judenschafft daraussen einreissen" würde, daß sie sie nicht in die Stadt verschleppen.

Wir heben ferner eine Zuschrift an die Judenschafft in Wien vom 9. Juny 1640 an: „Demnach der tägliche augenschein mit sich bringt, daß die frembden Juden yber bereit schon vorhero beschehenes Verbot anjezo wiederumb in großer Anzahl einschleichen vnd also vngescheucht handeln und wandeln wollen.

Alß wirdet der allhierige Judenschafft abermahl alles Ernstes vnd bei Vermeidung mehreres einsehens auferlegt, daß sie alle frembde Juden die kein sonderbahre kays. Freiheit ihres allhier Verbleibens für zu weisen haben lengist von dato Jnner 14 Tage wirklich abschaffen vnd also diesem Gebott vnnachläffig gehorsam nachziehen sollen."

Im Jahre 1652 erschien ein Decret, nach welchem die Juden aus Wien und Niederösterreich weggeschafft werden sollten. Unter anderem wurden erstere vom Magistrate angeklagt in der Stadt wider die Privilegien 32 „Gewölber" (Magazine) zu besitzen. · Nach mehreren Petitionen und Bitten gestattete man den Juden wieder den Aufenthalt.

Am 6. August 1652 wurden die confirmirten Privilegien der Juden in Wien vom Kaiser unterschrieben und geschah die Gewährung der Bitten der Juden in Folge sehr erschwerender Bedingungen, denen die Juden Folge zu leisten hatten und zwar:

1. Die Juden verpflichten sich die auf der Burgvogtei Wels haftende Schuld von 80.000 fl. zu bezahlen.

2. Sie stellen zur freien Disposition des Kaisers sofort 15.000 fl.

3. Sie verzichten auf die ihnen schuldenden Friedensgelder als Ersatz für den im Kriege erlittenen Schaden, wie ihn die Christen erhielten.

4. Die Schriften, welche nach dem im Jahre 1649 zu Preßburg ausgefertigten Pardon ihnen weggenommen wurden, sollen „soweit sie unentbehrlich sind", ihnen wieder zurückgegeben die übrigen verbrannt werden, damit kein Streit unter ihnen sei.

5. Der Proceß wegen der Leonore Jüdin Entleibung soll aufgehoben, die Untersuchung niedergeschlagen und Hirschel Mayer wieder Richter werden.

6. Das Hofmarschallamt hat den Auftrag, nur nach dem Rechte zu verfahren und nicht sogleich die Stadt Wien zu sperren, sondern wenn ein Jude sich vergeht, der nicht sofort gefunden werden kann, sollen zuerst die Judenrichter arretirt, dann die Gewölber gesperrt, endlich die Stadt für die Juden gesperrt werden.

7. Die Juden sollen eine Polizeiordnung aufsetzen und sie der kaiserl. Regierung zur Genehmigung vorlegen.

8. Streitigkeiten zwischen Juden sollen von ihnen selbst geschlichtet, ebenso sollen jüdische Civilverbrecher von ihnen bestraft; Criminalsachen sollen jedoch dem Hofmarschall angezeigt werden.

9. Ihre Handlungen können sie in ihrer Wohnstatt in Wien, so wie außerhalb auf Jahrmärkten treiben.

10. Das Grundgeld für das Bürgerspital wird neuerdings festgesetzt werden.

11. Die Juden sollen nicht mehr Mauth als die Christen bezahlen; befreite Hofhandelsleute sind von den Mauthgebühren befreit.

12. Bezüglich des Judenzolles in Krems (14 fl.)*) sollen die Juden ihre Klagen vorbringen.

13. Die Fleischkreuzertaxe kann verdoppelt werden.**)

14. Es wird der Ruf ergehen, die Juden nicht zu kränken.

15. Hirschel Mayer hat der Gemeinde die Steuern zu zahlen; er kann jedoch von ihr nicht gerichtet werden, sondern vom Hofmarschall und sollen ihn die Juden wegen der Denunciationen nicht beschweren.

Wir wollen nun zu einigen der angeführten Puncte Bemerkungen machen: Die Geldverhältnisse jener Zeit in Anschlag gebracht, wird man zugeben, daß die Juden ihren Aufenthalt theuer erkauften und machten die Friedensgelder eine nicht unerhebliche Summe aus.

Schon im sechsten Jahrzehnt des sechszehnten Jahrhunderts machte sich die Censur bezüglich der hebräischen Bücher fühlbar. Unter Ferdinand II. wurde, wie bekannt, die Censur strenger gehandhabt und gefährliche oder bedenklich scheinende hebräische Bücher verbrannt oder vernichtet. Wenn aber die Censur überhaupt ein Unglück ist und war, so war sie doppelt und dreifach unglücklich in Beziehung auf jüdische Bücher, weil da entweder der Religionshaß maßgebend war oder Unwissenheit und Dummheit oft die unschuldigsten Dinge für höchst gefährlich hielten und dieselben dem Untergange weihten. Wir können diesem Gegenstande keine ausführliche Erörterung widmen und verweisen auf Zunz a. a. O. auf Steinschneider, Carmoly, Mortara ꝛc. ꝛc. Wir selber gaben einen Beitrag in Steinschneiders hebr. Bibliographie 1863 p. 35: „Auto da fe jüdischer Bücher in Prag 1714,"

---

*) Die Einkünfte dieses Zolles wurde verwendet, den Professoren an der Wiener Universität den Gehalt zu bezahlen.

**) Die indirecte Steuer „Fleischkreuzer" zur Bestreitung der Auslagen für Cultuszwecke mag wohl schon sehr lange unter den Juden bestehen und hat diese indirecte Steuer in Wien bis zum Jahre 1848 zum größten Theile die Auslagen des Cultus gedeckt. Der sogenannte „Krupkafond" in Galizien entstand ebenfalls aus dem „Fleischkreuzer" und diente er auch dazu, um die Gemeindeschulden zu bezahlen. Im Jahre 1779 waren die galizischen Gemeinden 1,006.819 fl. 30¼ kr. schuldig und nach 8 Jahren betrug die Schuld nur noch fl. 383.235 18 kr. Wir brauchen wohl nicht daran zu erinnern, daß zu den indirecten Steuern, welche die Juden an die Regierung zahlten, ebenfalls ein Fleischkreuzer gehörte und so kam es, daß der Jude um 2 kr. das Fleisch theurer zahlte als der Christ. Wenn man bedenkt, daß die Fleischpreise damals niederer als jetzt standen, so machten diese 2 kr. eine bedeutende Steigerung aus.

in welchem wir nachgewiesen, daß die Censoren ein und dasselbe Buch bald verboten und bald gestattet haben, weil sie den Inhalt desselben nicht kannten.

Wenn die Erhaltung des jüdischen Stammes mitten unter den zahllosen furchtbaren Schlägen, die ihn betroffen, bei dem sistematischen Vorgange von Seite der Behörden sie — wenn auch in milderer Form als mit Feuer und Schwerdt — zu vernichten, als ein Wunder betrachtet werden kann, so ist die Erhaltung der jüdischen Literatur aus früherer Zeit, so weit sie eben noch vorhanden ist, fast noch ein größeres Wunder. Man denke nur unter welchem Jammer und Elend der größte Theil der jüdischen Literatur von der ältesten bis auf die neueste Zeit ins Leben trat; man vergegenwärtige sich, welche Opfer es anderseits erforderte, sich Bücher anzuschaffen, die nur für einen kleinen Kreis Werth hatten, zu einer Zeit, wo das Geld allein der Talisman war, um sich von so manchem Leid und Weh zu retten und von demselben zu befreien, da sonst nichts an Juden und Judenthum geschätzt und anerkannt wurde. Und wenn erst Verfasser, Verleger und Publicum Opfer an Zeit, Mühe und Geld gebracht hatten, dann erst confiszirte und vernichtete die heilige Inquisition oder die Censur schlechtweg selbst die Werke, welche sich bereits in Privathänden befanden und die Censur passirt hatten.

Es ist nicht angegeben, welche Bücher die betreffende Commission als „unentbehrlich" für die Juden betrachtet hat.

ad 5 stehen wir vor einem Räthsel, das wir trotz vieler Mühen nicht zu lösen im Stande sind. Es gelang uns nicht auch nur den Zipfel des Schleiers der dieses Räthsel bedeckt zu lüften. Prozeßakten aus jener Zeit sind nicht vorhanden. Im Justizministerium und beim Obersten Gerichtshofe beginnen die Akten erst mit dem Jahre 1750, da man in früherer Zeit keinen Sinn und kein Verständniß für Geschichte im Allgemeinen und für Rechts- und Sittengeschichte insbesondere hatte, und in sekundären Quellen findet man keinen Aufschluß.

Mit der Entleibung der Jüdin Eleonore scheint auch ein Gesetz in Verbindung zu stehen, welches nicht minder ein Räthsel ist. Im Cod. austr. II. Theil pag. 15 heißt es unter dem Datum vom 18. März 1653:

Mordthat

Einer Jüdin, wer den Thäter namhafft macht, soll 500 Dukaten vnd der Thäter, so er sich angeben wurde, soll ungestraft und Rekompens 1000 Dukaten haben."

Da nicht angenommen werden kann, daß man Prämien für diejenigen Mörder bestimmen wollte, die Jüdinen hatten getödtet, so dürfte man nicht fehl gehen, wenn man dieses Gesetz mit dem angeführten Fall in Verbindung bringt, obschon die Niederschlagung des Prozesses in dem Privilegium vom 6. August 1652 zugesagt wird *). Jedenfalls aber ist dadurch das Räthsel nicht gelöst.

Schudt (Jüdische Merkwürdigkeiten II. Theil 5. Buch, 4. Cap. §. 4) verballhornt diese Mittheilung und gibt an, daß dieselbe im Jahre 1665 geschehen sei, und zwar, daß die Juden eine Christin erschlagen hätten, welches aber entschieden unwahr ist und geschah eine ähnliche That weder im Jahre 1652 noch 1665 **); da die Klagen, die gegen die Juden bei Gelegenheit der Ausweisung vorgebracht werden, die zumeist Hirngespinnste sind, welche wir später mittheilen werden, über dieses Factum schweigen. Schudt und seine Genossen haben jedoch nicht blos in dem gegebenen Falle die Wahrheit verdreht und eben die Geschichte in dem Sinne erzählt, wie er ihnen am meisten zusagte, und die ihnen folgenden Judenfeinde beriefen sich auf die ihnen vorangegangenen Autoritäten (?!)

Von Hirschel Mayer ist wiederholentlich in dem angeführten Privilegium die Rede (sub 5 u. 15) und scheint dieses eine abgefeimte Persönlichkeit gewesen zu sein. Schudt (jüdische Merkwürdigkeiten II. Theil 14. Buch 12. Cap. Seite 57) gibt an, daß er den Staat bei der Einkassirung der Judensteuern um eine große Summa Geldes betrogen habe (die Summa scheint zu hoch gegriffen zu sein). Jedenfalls aber übte er schlechte Thaten aus und im §. 15 wird er als Denunciant gebrandmarkt. Hirschel Mayer hatte die Einkassirung der

*) Nach Schlager „Wiener Skizzen" 4. Band S. 189 ist das Datum im Cod. aust. unrichtig angegeben und soll es statt 1653 heißen 1651.

**) Im J. 1665 erging ein „Ruf" wegen eines erschlagenen Weibes, welches man im „unteren Werd" gefunden hatte. Wer sie jedoch erschlagen hat, ist nicht eruirt. Selten war der Fall allerdings nicht, daß man derartige Leichname in das Judenviertel brachte, um so einen Grund zur Beschuldigung der Juden zu haben (Vergl. unser „Ein Bild aus dem Mittelalter.")

Judensteuern, wofür er als Entlohnung 8% der Summa erhielt. Er ging jedoch in furchtbar hartherziger Weise bei der Einkassirung vor, und erinnert er an die alten römischen Zöllner, denen der Talmud die ewige Seligkeit abspricht. Der damalige Palatin von Ungarn, Graf Paul Palffy von Erdöd, fand es sogar notwendig, sich der bei der Einkassirung von Hirschl Mayer bedrückten Juden beim Kaiser anzunehmen; ebenso hat in späterer Zeit der Graf Kollonitsch, die Juden Marcus Matzel und Simon Perlheffter gegen die Vergewaltigungen Hirschel Mayers, in Schutz genommen. Doch scheint dieser in besonderer Gunst des Hofes gestanden zu sein und wurden ihm außerordentliche Privilegien eingeräumt. Er war es auch, der nach der Ausweisung der Juden die Verhandlung wegen der Wiederkehr einzuleiten begann, worüber wir später berichten.

Das mitgetheilte Privilegium galt jedoch gewissermaßen nur für die Juden in Wien und behandelte specielle Fälle. Den Landjuden in Niederösterreich wurde auch gewährt ferner in ihren Wohnorten bleiben zu dürfen ec. und wurden ihnen von dem Hofmarschall mündlich die gewährten Bedingungen des ferneren Aufenthaltes mitgetheilt.

Die Landjuden hatten 4000 fl. Steuern zu zahlen. Um diese Summa zu repartiren kamen die Ausschüsse der Landgemeinden nach Wien, wo sie unter dem Vorsitze des Rabbiners zu Wien die Beratungen pflogen.

Jeder Familienvater ohne Unterschied hatte 1 fl. 40 kr. „Gulgolet" (Kopfgeld) zu bezahlen und außerdem eine „Anlage," die verschiedenartig bemessen war. Eigenthümlich ist es, daß diese „Anlage" stets mit der Zahl 482 multiplizirt erscheint. Wir geben in der Beilage VI das Verzeichniß der Einwohner im Jahre 1652 und die Steuerbemessung. Für diejenigen, die arm waren, zahlten die Wolhabenden und Reichen, wie es ausdrücklich in der Beilage VII heißt. — Wie bemerkt, war der Bescheid für die Juden auf dem Lande in Niederösterreich mündlich; da jedoch das geschriebene Wort den Juden größere Garantien bot, baten sie darum:

„Allergnädigster Khaiser, König, Landtsfürst vnd Herr, Herr ec.!

Wir Arme Nottleidend auf dem Landt hin vnd wieder zersträhet wohnende Juden haben in der mit vns der Toleranz halber bey Jr Gnaden Herrn Oberist Hoffmarschall gepflogenen Commission 35,000 fl. auf gewisse Termin vnd iahresfrist zugeben vnd folgendts alle iahre 4000 fl. Tributalgelder *) für die Toleranz wiewoll mit höchster Beschwär, doch schuldigster maßen beständig zu raichen versprochen; haben auch angeregte 35,000 fl. Toleranz vnd iährliche 4000 fl. Tributalgelder allberaith, in die 4 Jahr zusamben in die 51,000 fl. wirthlich abgeführet: da hingegen bey ermelter Commission vns aller Landtsfürstlicher schutz vnd Manutenirung wie denen Wienerischen Juden, vns bey vnsern iüdischen Ceremonien Handt zu haben, vnd nicht aus dem Landt auch denen Obrigkheiten vnder welchen wür wohnen solches vnd andere höher Beschwär als bis dato gemacht worden, ohne Ew Mayiot Consens nit zuzulassen; sodan aller wochen vnd iahrmarkht mit khauffen vnd verkhauffen in allen ehrlichen Handlungen, es seye mit der maaß, gewicht oder wie es namben haben mag frey vnd sicher ohne menigliches Verhinderung zu bedienen vnd denen Wienerischen Juden, so woll an wahren als Leibmauth vnd standgeld gleich zu halten von Ir Gnaden dem Herrn Obristhoffmarschall in namben Ew Mayit zugesagt vnd Versprochen worden. Wir haben aber hierumben bis dato einigen Buchstaben, wollen geschweigen einen khani. Gnaden oder schutzbriff nicht in Handen. Vnd demnach wir arme inden nit allein mit diesen Tributs sonder mit starkhen schutzgeldern, anlagen vnd von denen Häusern in das Landhauß oder Vicedombampt, wo sie hingehörig item Leib- vnd Dienstbotensteuer wie auch einquartirungs vnd durchzugsgeltern Weinkreutzer vnd andere ordinari vnd extraordinari anschlägen belegt seyn, dahero auch ein billigkeit sein will, das wir einer bleibenden Statt halber beguadigt vnd versichert seyen.

Langt demnach an Ew k. M. Vnser allervnterthenigst höchst flehentliches bitten sie geruhen vns mit der zu Prag sub dato den 10. Augusti 1652 allergnedigst ergangenen Resolution, wie auch in der bey Ir Gnaden Herrn Obrist Hoffmarschall erhaltenen Conception in Namben Ew k. M. versprochener schutz über die specificirte wenig puncta einen mildt reichen Gnaden- oder schutzbrieff allergnedigst zu ertheilen. Zu allergdste khani. resolution vns fußfallend beuehlend.

Ew k. M.   Allervnderthenig gehorsambste N. N. die gesambte
                    arme Judenschafft auf dem Landt in Vnder Oesterreich.

---

*) Bei einer Versammlung der Judenrichter der verschiedenen Gemeinden in Wien wurde beschlossen, bloß 3000 fl, zu zahlen; doch wurde dieses Anerbieten zurückgewiesen.

Am 18. Dez. 1656 erfolgte hierauf die Confirmatio privile-
giorum für die Juden in Wien *) und auf dem Lande. Sie werden wieder in den Schutz des Kaisers genommen. Es wird ihnen
gestattet Jahrmärkte zu besuchen, Handel zu treiben, nach dem Schnitt,
Stück und Elle zu verkaufen. Sie zahlen gleiche Mautgebühren, wie
die Christen (Hofhandelsleute sind von derselben gänzlich befreit), in
Civilsachen üben sie selbstständige Jurisdiktion und können sie in
Wien ohne Judenzeichen herumgehen. Sie dürfen ihr jüdisches Gesetz
halten, eigene Fleischbänke und Fleischhacker bestellen, jüdische Schulen
und Synagogen mit Rabbinern, Vorsingern 2c. haben, so wie eigene
Richter. Sie dürfen selbst Koscherwein bereiten, und sollen sie nicht
mit Anlagen von der Obrigkeit beschwert werden und in Kriegs- und
Friedenszeiten von Militäreinquartirung verschont bleiben.

Die Steuern, die die Juden damals zu zahlen hatten, waren
Leib- und Dienstbotensteuer, Einquartirungs- und Durchzugsgelder und
Weinkreuzer (1 Kreuzer per Eimer und 12 kr. Zettelgeld **), außer-

---

*) Die Vorsteher der wiener Gemeinde waren damals: Ascher Lämel Lewi
Vorsitzender (Rosch) Meschullem Salman, Secharja ... (vielleicht Secharja Halewi)
Naftali Herz Sohn Juda Segals, Jakob David Neumark (Grabschriften Nr. 250)
Aron Sohn Josef Jakobs Lewi (Grabschriften Nr. 249) und David Sohn Josef
Rathans.

**) Die Weinsteuer wurde von Juden und Christen entrichtet und befand sich
die Maut für die Waaren, die von der obern Donau kamen, bei der Schlagbrücke.
jetzt Ferdinandsbrücke genannt, die im sogenannten „obern Werd" gelegen war.
Die Juden, welche in der jetzigen Sperlgasse 2c. wohnten, ließen daher ihre Waaren
vor der Schlagbrücke abladen. wodurch sie die Mauthgebühr ersparten. Es erging
daher schon am 17. November 1650 die Verordnung:
„Von Burgermeister und Rath der Statt Wienn denen Richtern vndt Eltisten
der allhiesigen Judenschaft hiemit anzuzeigen: Es komme für, wie daß Ire vnter-
gebene Judenschafft dem alten Herkommen zuwider, sowol Ire auf dem Wasser allhero kommende Wahre als auch die Wein, welche sie bey dem Wasser erkhauffen
oder allhero bringen lassen nit an dem gewöhnlichen Ort in obern sondern in
dem vntern Wörth nach Irem gefallen außladen, Wann nun aber gemeiner Statt ge-
bührende Mauth der Schlagbrucken entzogen wird, vndt dahero ein Stattrath solches
lenger zuuerstatten nit gemeint ist. Als würdet Inen hiemit alles ernstt anbefohlen
bey Iren vndgebenen Judenschafft die Verfuegung zu thun, daß sie hinfüro der-
gleiche Verordnung und Newerung sich gänzlich vnd bey hinwechnemmung der Wein
vnd Wahren enthalten vnd alle dergleichen sachen iedesmahl zu der gewöhnlichen Auß-
ladung in obern Wert bringen sollen, denen Sie also gehorsam nachzukommen haben."

dem zahlten sie als Pauschale wie bereits bemerkt 35,000 fl. — für 15,000 fl. sollten sie Tücher liefern — Toleranz= und 4000 fl. Tributgeld. —

Die Einkassirung dieser Steuern wurde, wie oben angeführt, Hirschel Mayer übertagen.

Bevor wir zu den Ereignissen, die sich unter Kaiser Leopold zu= trugen, übergehen, müssen wir bemerken, daß auch unter Ferdinand III. mannigfache Streitigkeiten unter den Juden wegen der Vorsteherwürde vorgefallen waren, so daß in Folge derselben genannter Kaiser sich ver= anlaßt sah, eine „Neue Saz vnd Ordnung Jrer Richter vnd Aembter wahlen" unter dem 20. Feber 1646 festzustellen, welche Dr. Meynert im Wertheimer'schen Jahrbuche 1858/9 mittheilte. Der Vorstand der Gemeinde bestand nach dieser Ordnung aus fünf Vorstehern und zwei Beisitzern. Wer jedoch zu diesem hohen Amte gelangen wollte, mußte zuvor in den untern Chargen practicirt haben und zwar er mußte Einnehmer, Comissariricther, Kirchenvater und Raithändler (Rechnungs= führer) gewesen sein. Die Wahlresultate mußten mittelst des Hofmarschalls zum Hofe gesendet und von da bestätigt werden. Der Wahlmodus war: die amtirenden Vorsteher bestimmten die Wähler, welche mit ihnen nicht verwandt sein durften und diese wählten den Vorstand, wobei die Ma= jorität entschied.

Unter Ferdinand III., 1649, kam auch ein Tumult gegen die Juden von Seite der Studenten vor. Der Wachposten im untern Werd soll auf einen Studenten geschossen haben, weil dieser ihm nicht Rede stehen wollte und dieses brachte einen Tumult hervor. Dem Einschreiten der Behörden gelang es, den Frieden wieder herzustellen.

Ferdinand III., starb 1657 und nach ihm bestieg Leopold I. den Thron. Wie üblich petirten die Juden in Wien wieder um die Bestä= tigung der Privileglien und, Preßburg, 26. August 1659, bestätigte der Kaiser im Sinne seiner Vorgänger Ferdinand II. und III. die Privi= legien der Juden. Nichts wies darauf hin, daß unter diesem Kaiser eine verhängnißvolle Katastrophe für die Juden eintreten sollte.

Doch nicht lange und die kommenden Ereignisse warfen ihren Schatten voraus. Im J. 1660, 12. Apr., starb der Rabbiner Sabbatai Horwitz, beklagt und betrauert von der Gemeinde und in allen jüdischen Kreisen. Bald veränderten sich die Verhältnisse auch nach Außen hin. Die ehrsamen Wiener Bürger jener Zeit waren sehr unduldsam und wollten es den Juden nicht gönnen, in ihrer Verbannung, im Ghetto, zu leben. Diese Unduldsamkeit machte sich nicht nur in Worten Luft und ließ das höhnende „Hepp, Hepp!" erschallen; man schritt auch zu Thaten, man stieß und schlug die Juden, warf ihnen Steine nach. Es kam so weit, daß sich die Regierung veranlaßt sah, diesen Unfug zu steuern und am 28. Juli 1661 erging an den Magistrat folgende Zuschrift:

„Alß sollen Sie von Wienn bey Iren vntergebenen in der Statt alhier vnd denen Vorstätten verordnen und Ernstlich darob sein daß gegen gedachte Juden von niehmandt wehr der auch seye, weder in noch außerhalb der Statt vor deren Heusern oder auf deren Gassen, in Ire Wohnungen und Gewölbern ainicher Freuel oder muthwillen veruebet, Sie weder mit wortten noch Werkhen auf einicherlei weiß angetastet, weniger mit stößen, schlögen, werffen oder vbler Tractierung wie die nun Nahmen haben mag, vergewaltigt, sondern bei Vermeidung schwehrer vnaußbleiblicher straff von Jedermäniglich ganz fridtlich, vnangefochten vnd vnmolestirter gelassen. Inen auch da sie etwa vnbillicher weiß verfolgt und deßweg zu denen Christen oder in deren Heuser die nothwendige Zuflucht suechen würden, vor ihnen die Heuser nicht allein nicht verspört oder da sie hinein khomen nicht wiederumb ausgestoßen, sondern vnwaigerlich eingelassen vnd Inen der mügliche Schuz gehalten werden solle; zu den Ende Sie von Wien bey khombenden Rueff sowohl inn alß vor der Statt wie gebrenchig publiciren zu lassen haben. Inmassen auch dem Rumormaister vnd Profosen gemessen anbefehlen werden, daß sie sich der Juden in billichen sachen annemben und dieselbe wider die, so sie muetwilliger weiß belaidigen, schuzen auch nach gestalt der sachen die Thäter zu sich in arrest nehmben vnd solches Regierung zur gebührenden Bestraffung anzaigen sollen."

Bald jedoch kamen schwere Zeiten für die Residenzstadt. Es ist nicht unsere Aufgabe die politischen Kämpfe, die der Kaiser führte, zu schildern, aber wir müssen hier der Türkenkriege gedenken. Die Juden in Wien hatten während dieser Zeit am meisten zu fürchten, da die Leopoldstadt offen lag und zumeist den Angriffen ausgesetzt war. Mit Bedauern müssen wir hier eines Zuges der Herzenshärte und der Grausamkeit der damaligen Wiener Bürger gegen die Juden erwähnen. Während sonst in derartigen unglücklichen Zeiten die Menschen aneinanderrücken, um sich gegenseitig zu helfen, da ein Unglück kleiner wird, je mehr an demselben zu tragen haben, und Gegner sich versöhnen, wenn sie von einem gemeinschaftlichen Feinde angegriffen werden, hörte in Wien der Haß der Bürger gegen die Juden nicht auf und man wollte es letzteren nicht gönnen, für den Fall eines Angriffes von Seite der Türken sich in die Stadt zu flüchten. Wieder mußten die Regierungsbehörden eingreifen und unter dem 16. October 1663 erging ein Schreiben an den Magistrat:

„Nachdem bey allerhöchsternennt Ihrer k. M. die Judenschafft allhier gehorsamst einkommen, daß sie bei ereigneter weiterer Feindsgefahr sich mit Weib und Kind in die Stadt herein salviren mögen, umb allergnädigste Bewilligung gebetten haben, mehr höchstgedachte Ire k. M. sich unter dato 26. negst abgewichenen Monats Septembri allergnädigst resolvirt und bewilligt, das gedachte Judenschafft bei eraigneter weiterer Feindesgefahr mit Weib und Kinder in der Statt herein sich salviren auch zu ihrer Aufenthaltung, Stube, Cammerl und Gewölber biß zu Ende der Gefahr gegen billichmäßiger Bezallung bestehen mögen. Jedoch daß die Jenige so sich also in die Statt herein retiriren mit genugsamben Proviant hierzu versehen sein sollen."

Die Verhältnisse zwischen den Bürgern und den Juden wurden jedoch nicht besser, im Gegentheile spitzten sich dieselben immer mehr zu und der Haß wuchs. Es kam so weit, daß bei den Aufläufen und Tumulten Menschen getödtet wurden. Wieder sah sich die Regierung genöthigt, einzugreifen und es wurde verboten, die Judenstadt zu betreten außer die Straße (Taborstraße) zur Durchreise zu benützen. Doch wir lassen das Schreiben folgen:

„Von der röm. kay. auch zu Hungarn und behaimb königl. Mayst. Erzherzogen zu Osterreich, Unseres allergbsten Herrn wegen durch die N. Oest. Regierung denen von Wien hiemit anzufuegen, und ist denen selben sonders Zweiffel zu genugen bewust, was dise täg herumb bey und gegen der Judenstatt zue sich für gefährliche aufflüff und tumult erzaiget haben, also daß etliche Personen nicht nur tödtlich verwundet, sondern auch thails gar gestorben und gebliben sind.

Wan nun zuwar allerhöchst ermelt Ire k. M. gemessener auch Ernstlich allergbst willen und befelcht ist, daß dgl. weith auffsehende gefährliche Zusamben Rottirungen und Auflauff gänzlicher ab und eingestelt werden. Alß sollen die von Wien durch ainen gewöhnlichen Ruff ni Ir Regierung alß landtsfürstliche Obrigkeit Nahmen zu Jeder menigliches Nachricht vnd wiſſenſchaft In vnd vor der Statt an benen gewöhnlichen orthen, ſonderlich aber Jenſeits der Schlagbruckhen alſobalden vnd gleich in anſehung diſes noch heundtig Vormittag publiciren vnd auſrueffen laſſen, daß niemandt, wer der auch ſehe beÿ der Judenſtatt vnd der gegendt vnter der Schlagbruckhen, auſſer der hin vnd her reiſſenden, ſo ſich der landtſtraſſen notwendig zu gebrauchen haben, oder die von Obrigkeit wegen dahin abgeſchikt werden, beÿ Jrer k. M. Vngnadt auch Vnaußbleiblichen Leibs= vnd gutts Straff ſolang vnd vill biß diſer handl völlig hindaugelegt ſein wirb, einfinden ſolle; Villweniger aber ſich Jemandes Vnderſtehen ſolle gefahrliche Zuſambenlaufften anzuſtellen oder ſich ſonſten ſowol In als auſſer der Statt furſetzlich zuſamben zu rotirn, wordurch noch gröſſere Vnruhe vnd Vngelegenheit entſtehen könten. Vnd wie nun in ſolchem fall die beſtelte garniſon vnd Soldatesca auch andere wachten beordert vnd befelcht iſt bgl. zuſamben rotirungen durch gehörige Mittel vnd mit gewalt zu zertrennen, alſo hat ſich auch ein Jedweberer Vor ſchaben zuhietten."

Doch hatte dieſe Mahnung wenig Erfolg und bald hernach muſſte neuerdings ein Mahnruf ergehen, die Juden nicht zu beläſtigen. Dieſer, datirt vom 22. Junÿ 1669, lautet:

„Von der N. Oe. Regierung wegen, denen von Wien anzuzaigen. Vnd haben dieſelben auß der heuntigen Vorſtandt mit mehrere vernohmen, daß Vngehindert des, der Juden halber ergangenen Ruffes gleich wohlen durch Vnterſchibliches geſindel allerhandt inſolenzien begangen barburch leichtlich zu einem groſſen rumor, welcher auch zu der Burgerſchafft merkblichen ſchaden hätte außſchlagen könen Vrſach gegeben worden ware: Iſt banenhero Regierung befelch hiemit Sie von Wien ſollen an ihrer arth nicht allein auf Anlangen der Juden, ſondern auch für ſich ſelbſten gegen die Vbertreter ſolche ernſtliche demonſtration vnd zugleich die Beſtellung thuen, damit denen ſtetten Vngelegenheiten abgeholffen werde. Vnd ſowohl Jr k. M. alß auch Regierung Vnbehelligte verbleiben mögen."

Wir wollen hier keine Anklagen gegen die damalige Regierung erheben. Es iſt außer Zweifel, daß eine ſtarke Regierung dem Treiben Einhalt gethan und der Kataſtrofe vorgebeugt hätte — vorausgeſetzt, daß die Regierung die Sache des Rechtes hätte vertreten wollen; doch die damalige Regierung nach Außen hin in Kriegen verwickelt, mit Ungarn in Fehde, war schwach, sehr schwach und der größte Theil der Regierungsmänner war eben gleicher Ansicht mit den Bürgern, die die Juden als Landplage betrachteten.

Bevor wir zur Erzählung der fernern verhängnißvollen Ereignisse übergehen, müssen wir noch einen Blick in die Judenstadt, im untern Werd, werfen.

Das religiöse Leben war daselbst in voller Blüte. Es bestanden als Andachtsstätten die große und die neue Gemeinde = Synagoge. Ferner hatten Bewilligungen zu Bethäusern Veit Munk, der bereits genannt wurde, — nach dessen Ableben die Bewilligung auf seine Frau Gertrud überging —, Jakob Bassewi und Secharja Halewi. Es ist bekannt, daß man in früheren Zeiten nur selten die Conzession zur Errichtung einer Synagoge gegeben hat, da die kanonischen Gesetze dieses verboten haben. Eigenthümlich genug ist es ein Charakterzug der Juden jener Zeit, daß sie viele Synagogen errichteten und zwar in den meisten Orten mehr als man deren bedurfte, und gingen in der Beziehung die Juden in den größten Städten mit dem Beispiele voran. So wollen wir anführen, daß die Anzahl der Synagogen der Gemeinden in Wien, Prag, Venedig etc. jener Zeit zu viel im Verhältnisse zur Bevölkerung waren, obschon es uns nicht unbekannt ist, daß eine einfache Betstube öfters Synagoge genannt wurde. Man ist heute sparsamer mit dem Aufbau von Synagogen, und geschieht dieses nur, wenn die Notwendigkeit dazu vorhanden ist, oder, wo religiöse Parteistreitigkeiten entstehen und die sogenannten Orthodoxen oder Reformer sich den Rang ablaufen wollen, da werden manchmal Bethäuser errichtet, die nicht notwendig gewesen wären.

Für die Erhaltung der Gotteshäuser, mit Ausnahme der Gemeindesynagogen, welche in früherer Zeit unter den Israeliten erbaut wurden, mußten diejenigen sorgen, welche sie errichtet hatten. Sie waren Privatstiftungen zum Wohle der Gemeinde und unterschieden sich auch darin vortheilhaft von manchen Bethäusern, welche in neuerer Zeit errichtet wurden, wo Fraktionen der Gemeinde die Pflicht auflegen wollen, für sie Synagogen zu erbauen und zu erhalten, die die Parteisucht in's Leben gerufen.

Unter den Privatsynagogen die wir oben anführten, haben wir jedoch bei Einer etwas zu verweilen. Secharja Halewi begnügte sich nicht damit, eine Synagoge zu erbauen; er errichtete neben und in Verbindung mit derselben eine Lehranstalt und zwar eine Art Convikt. In den Nebengebäuden der Synagoge waren die Lehrzimmer und die Wohnungen für die Lehrer und Schüler. Aus dieser Anstalt sind mehrere Jünger hervorgegangen, welche in würdiger Weise Rabbinatsfitze ausfüllten.

Schudt (jüdische Merkwürdigkeiten) und nach ihm Andere sprachen die Ansicht aus, daß die jetzige Kirche zu St. Leopold in der Leopoldstadt die ehemalige Synagoge des Secharja Halewi war. Dieses ist jedoch unrichtig, da ausdrücklich die Gemeindesynagoge als diejenige von den Bürgern bezeichnet wird, welche „von der Finsterniß ins Licht," umgewandelt werden soll. Secharja Halewi starb 1664. („S. Inschriften" Nr. 292.)

Wir haben bereits angeführt, daß die Wohlabenden für die Armen die Steuern zahlten und selbst die Feinde der Juden geben Zeugniß für den Wolthätigkeitssinn der Juden, der sich nicht blos auf Einheimische beschränkte, sondern auch Fremden hilfreiche Hand bot, welche wir später beibringen werden. Die Wiener Juden waren nicht nur wolthätig gegen ihre armen Glaubensgenossen; sie nahmen sich derselben an, wo und wann sie in Noth waren. Es bestand eine „Alliance", ohne daß solche sich als Verein konstituirt hätte. Ueberhaupt bestand damals das Vereinswesen als solches nicht, wie es heut zu Tage besteht, und ein Produkt der neuern Zeit ist. Die Gemeinde bildete einen Verein und waren dem Vorstande, wie bereits bemerkt, große Befugnisse eingeräumt, da er auch das Recht zu strafen hatte. Es bestanden auch Chewrot (Vereine) für Todtenbestattung, Krankenpflege ꝛc., doch hat sich nichts von denselben erhalten. — Im Jahre 1666, 6. Sept. verlangte man von den Juden, daß sie ein eigenes Krankenhaus erbauen und sie waren damit einverstanden. Der Magistrat erhielt Auftrag im Vereine mit den Juden den Platz, auf welchen dasselbe erbaut werden sollte zu besichtigen. Wir sind jedoch nicht in der Lage zu berichten, ob der Bau ausgeführt wurde.

Aus diesen Daten ist zu entnehmen, daß die drei Säulen, auf welchen das jüdische Gemeindeleben beruht: die Thora, der Gottesdienst und die mildthätigen Werke damals in Wien vorhanden und in blühendem Zustande waren.

Hingegen scheint es, daß die Reinlichkeit in der Judenstadt manches zu wünschen übrig ließ. Wir entnehmen aus der bereits angeführten

Zuschrift der Regierung an den Magistrat vom 6. September 1666

„Alß hat man Sye von Wien, dessen nachrichtlich erinnern vnd darbey anbefehlen wollen, daß Sye auf Begehren der Herrn Commissarien Sanitatis solcher augenscheins Comission Behwohnen sollen, für auß Vnd demnach fürs andte die alhierige Judenschafft bey dem gehaltenen Vorstandt, sich dahin erklärt, daß Sye auf ihre aigenen Vnkosten zu Sauberung der Judenstadt gewisse wohnungen erpauen lassen, wie auch zu ietzt verstandenem Endte einen Kottfuehrer, so wöchentlich ihre Judenstadt zu gewissen Zeiten saubern solle, bezahlen wollen, wann anderß Sye von Wien Inen die Werkleuth stellen, daß geben zumallen Sye Judenschafft solches nicht verstundten angeben vnd einem Kottführer vberlassen werde.

Danenhero hat man disse der Judenschafft erklärung Inen von Wien gleichsfahls hiemit andeuten wollen. Die werden an ihren orth auch nicht verlassen, dasjenige vorzukehren waß zu erhaltung der Sauberkeit vnd hingegen Verhüttung der laidigen Seuch dienstlich vnd möglich sein mag."

Wir haben bereits wiederholentlich Gelegenheit gehabt, über die Beschäftigung der Juden zu sprechen und fügen wir hinzu, daß am 8. Juli 1669 eine Mahnung von dem Magistrate an den Rumorhauptmann erging, den Juden „die Schacherei und das Einlaufen auf offenen Straßen", außer der Judenstadt zu verbieten.

Ueber die damalige Seelenzahl der Juden in Wien läßt sich nichts Bestimmtes angeben. In einer Eingabe, die wir später noch anführen werden, heißt es, die Juden seien zahlreicher als die Christen, und sie überstiegen die Zahl 3000. Es dürften daher beiläufig 500 jüdische Familien in Wien gewesen sein und kommt auch diese Summa in den Verhandlungsacten über die Wiederaufnahme vor. In einem Documente, welches Feig (im „Adler") und nach ihm Schudt mittheilen, ein Bittgesuch der Juden an den Kaiser, wird die Zahl derselben auf 1400 angegeben, doch ist es fraglich, nachdem damals ein Theil der Juden bereits ausgewandert war, ob die ausgewanderten da mitgezählt wurden oder nicht.*) Jedenfalls kann der Passus, als würden die Juden

---

*) Im Jahre 1669 wohnten auf dem Lande in Niederösterreich 477 Familien. So heißt es in einem Protokolle, welches die Bemessung der Steuer behandelt: סך של כל בעלי בתים במדינת איסטרייך יוסף ד' עליהם ארבע מאות שבעים ושבעה. נאום גרשון אשכנזי חונה פה קק וינא

in Wien zahlreicher als die Christen sein, wenn man denselben nicht als Ausfluß des blinden Hasses halten will, welcher es nicht genau mit der Wahrheit nimmt, nur von den in der Leopoldstadt wohnenden Christen verstanden werden, und allerdings wohnten daselbst nicht viele Christen weil damals die Leopoldstadt überhaupt, wegen der Wassergefahr, von den Bewohnern Wiens gemieden wurde.

Wir wollen nun den Faden der Erzählung wieder aufnehmen Wir hatten Gelegenheit zu zeigen, daß die Regierung wiederholentlich sich der Juden annahm und ihnen beistand. Die letzte Verordnung, die wir in der Beziehung anführten, war vom 22. Juni 1669. Es geht daraus hervor, daß man am Hofe den Juden nicht geradezu feindlich war, daß man mindestens nicht beabsichtigte, excessiv gegen dieselben vorzugehen, daß ferner die unsinnigen Beschuldigungen gegen die Juden, wie sie in den „Ursachen warumben die Judenschaft aus Wien auszuweisen wären", vorkommen (Beilage VIII.) Ausgeburten der Phantasie sind. Die Juden werden in derselben der furchtbarsten Verbrechen angeklagt. Raub, Mord, Diebstahl, Betrug, Unzucht und wie die ganze Stufenleiter der Verbrechen heißt, werden ihnen angedichtet — mit Ausnahme der Abschlachtung christl. Kinder zum jüdischen Passafeste —; sie werden sogar angeklagt, christliche neugeborne Knaben gewaltsamer Weise beschnitten zu haben. In ähnlicher Weise wird das Judenthum in der berührten Anklageschrift der größten Monstruositäten und Schlechtigkeiten beschuldigt. Wäre wirklich auch nur der kleinste Theil dieser Anklagen wahr gewesen, so hätte der Hof die Juden längst mit Stumpf und Stil ausgerottet und sie nicht bis zum letzten Momente beschützt. Daß zumeist l o c a l e Verhältnisse die Hauptrolle dabei spielten, geht daraus hervor, daß man die Juden aus Wien und Niederösterreich austrieb, während man sie in den böhmischen Erbländern ꝛc. ließ. Sollten wirklich die Juden in Wien und Niederösterreich so schlecht gewesen sein, während die übrigen Juden sich tugendhaft benahmen? Es mag auch überhaupt bemerkt werden, daß die Ausweisungen der Juden aus Oesterreich stets aus localen Ursachen hervorgingen und suchte man jederzeit die Religion mit ins Spiel zu bringen und gebrauchte diese als Vorwand, um der Sache einen Schein von Recht zu geben. — Nie war eine Zeit in Oesterreich, außer etwa im J. 1349 wo die Juden zu gleicher Zeit aus sämmtlichen Kronländern vertrieben worden wären. Bald ist es Kärnten, bald Steiermark, bald Innerösterreich ꝛc., woraus die Juden vertrieben wurden. Die Juden wanderten daher gewöhnlich von dem einen Kronlande in das andere.

Wir haben bereits die localen Ursachen, die in Wien maßgebend waren (und dieselben gelten auch für Niederösterreich) angedeutet. Die Bürger sahen sich durch die Juden beeinträchtigt. Während der Kriegszeiten, wo die Steuerkraft sehr angespannt wurde und die Geschäfte dar nieder lagen, wollten die Bürger der Concurrrenz der Juden entledigt sein. Wenn man die Naivität der Anschauungen auf nationalökonomischem Gebiete überhaupt zu jener Zeit kennt, so wird man sich über diese Ansichten nicht wundern. Zu jener Zeit hielt man es für ein Unglück, wenn eine Stadt sehr volkreich war. Man hielt die Menschen bloß für consumirende Geschöpfe, die eben bloß durch die Consumtion alles vertheuern; — daß der Mensch auch producirend sei, daß jeder Mensch eine gewisse Arbeitskraft besitze, die dem Gemeinwesen nützlich ist und es eben so thöricht ist, von einer Ueberfülle an Menschen, wie von einer Ueberhäufung an Feldern und Wiesen zu sprechen — daran dachte man eben nicht. Der revolutionäre Aufruf, es müsse der Menschheit eine Ader geschlagen werden, daß hunderttausende verbluten, war die Anschauung der loyalsten friedliebendsten Personen, wenn sie auch nicht die Hand dazu geboten hätten, ihn in der Weise zur Ausführung zu bringen, wie die Robespierre 2c. es gethan haben. Da es sich jedoch im gegebenen Falle in Wien um die Juden handelte und dieselben überdies nicht sammt und sonders geköpft oder verbrannt werden sollten, so fand man das Mittel um so vortrefflicher, das Uebel der Uebervölkerung zu heilen.

Da die Juden, wie bereits bemerkt, als Camerale betrachtet wurden, weil sie die Steuern in die Hofkammer zahlten, so konnten sich die Bürger um so gewisser einen Erfolg von ihren Bemühungen versprechen, wenn sie sich erböten für die Juden die Steuern zu zahlen, wobei freilich, wie wir später nachweisen werden, ein bedeutender Rechnungsfehler unterlief, da man überdies die indirecten Steuern nicht mit berechnete.

Dazu kam der Religionshaß. Wir wissen es nicht, in wie ferne die Fehlgeburt der Kaiserin Margaretha wirklich dazu beigetragen hat, sie gegen die Juden zu stimmen, welche derselben während der Schwangerschaft eine goldene Wiege geschenkt hatten — allerdings mag selbe nicht freundlich gegen die Juden gewesen sein, da sie spanische Princessin war. Wir wissen auch nicht, wie groß der Einfluß der Beredsamkeit des Bischofs

zu Neustadt, Grafen Leopold Kollonitsch war, welcher in Gegenwart des
Hofes eine Predigt hielt, in welcher er zur Austreibung der Juden
aufforderte, (der Text zu derselben war: „Jage weg diese Magd."
Genesis 21 und 10.*); aber das Moment des Religions- und Glau-
benshasses fehlte nicht und man wollte bei der Austreibung der Juden
nicht bloß dem gemeinen Interesse genügen, sondern auch ein gottge-
fälliges Werk verüben. Die damals bestandene Inquisitions-Commission
that übrigens das Ihrige, um den Glaubenshaß nach unten und oben zu
schüren und Bürger und Adel gegen Juden zu hetzen. Sie gab
nämlich vor, der junge Adel erhalte von den Juden Geld und
habe dadurch Gelegenheit liederlich zu werden. Andererseits ward da-
darauf hingewiesen, daß der Jude durch seinen Putz es dem Adel gleich
thun wolle 2c.**)

Von dieser Inquisitions-Commission finden wir eine Zuschrift an
die Richter und Beisitzer der Judenschaft in Wien vom 26. Juni 1669.
In derselben werden die Juden aufgefordert, anzugeben, wie viel und
von welcher Zeit sowohl die ganze Gemeinde, so wie Einzelne an Capital und Interessen christlichen Gläubigern schuldig seien, ferner sollen
sie berichten, wie viele Juden in Wien wohnen und wie viel sie „Anlage" bezahlen. Es wird ihnen darin auch aufgetragen, sich jeder Ungebühr gegen Christen zu enthalten (als wenn die Juden sich gegen die

---

*) Eigenthümlich genug hat man bei solchen Gelegenheiten gewöhnlich
Texte aus dem alten Testamente genommen. Während die Juden in Spanien auf
Scheiterhaufen verbrannt wurden, sangen die katholischen Priester Psalmen. Si
licet componere, wenn wir uns nicht irren, begann der Hirtenbrief des Erz-
bischofs von Wien, in welchem die Beschlüsse der versammelten Bischöfe, die Vor-
läufer des Concordates den Gläubigen mitgetheilt werden, mit dem Worte Samuels:
„Bis hierher hat uns Gott geholfen."

**) Trotz mannigfacher Nachforschungen ist es mir nicht gelungen, etwas
Näheres über die damals bestandene Inquisitionscommission zu erfahren. Es scheint
nicht, daß dieselbe ein geistliches Tribunal speciell für religiöse Angelegenheiten war.
So fromm auch die österreichischen Regenten waren, so wollten sie doch nicht die
Regierung aus den Händen geben und sich einzig und allein der Kirche unterordnen.
Es kann jedoch die Inquisitionscommission nicht eine bloße Untersuchungscommission
in allgemeinen Proceßangelegenheiten gewesen sein, da die Juden, wie wir dieses
bereits wiederholentlich bemerkten, unter der Jurisdiction des Hofmarschalls oder
des Kaisers standen. In dem gegebenen Falle entsprach die Inquisitionscommission
dem Namen, den sie trug, und erinnert an die spanische Inquisition, in deren Geist
sie handelte.

Christen erhoben hätten und der Fall nicht vielmehr umgekehrt war). Für Diebstähle, die begangen werden und wobei ein Jude betheiligt ist, sollen sämmtliche Juden verantwortlich sein und haftet ihr Vermögen in solidum dafür. Schließlich wird bemerkt, daß von nun an und ferner bei den Versammlungen der Juden der Bürger Georg Winkler (der dafür bezahlt wird) anwesend sein muß und darf bei diesen Versammlungen nur deutsch gesprochen werden.

Diese letzte Maßregel gewaltsamer Spionage entspricht dem Charakter der Inquisition und ist es eigenthümlich, daß die Juden verpflichtet wurden, die officiell bestellten Spione zu bezahlen.

Beim Hofe entschloß man sich jedoch nicht sofort die Juden insgesammt auszuweisen*) und man wollte es versuchen, theilweise das Experiment vorzunehmen, wie das bereits so oft schon geschehen ist, das letzte Mal unter Matthias im Jahre 1601. Es erging daher Per imperatorem am 20. Juli 1669 der Befehl: „Da eine Anzahl Juden von Wien wegziehen solle, so sollen active und passive Schulden derselben aufgenommen und der Billigkeit gemäß dabei verfahren werden."

Um jedoch nicht etwa die Meinung aufkommen zu lassen, als würde man die Juden ausweisen, weil sie irgend ein Verbrechen begangen haben — woraus deutlich hervorgeht, daß der Kaiser eben nur dem Drucke folgte, der auf denselben von Außen ausgeübt wurde — erging an die niederösterreichische Regierung „Per imperatorem" ein Erlaß wegen der Ausstellung der Pässe für die auswandernden Juden vom 5. August 1669**) In demselben heißt es:

„Von der Röm. ꝛc. wegen der nö. Regierung hiemit in gnaden anzuzaigen, demnach die notturfft erfordert, daß denen zum Abzug benambsten Juden alhier ein Paßbrief ertheilt werde. Alß solle Die Regierung dergleichen verfassen und eine Anzahl truckhen darinnen auch dieses einverleiben laist, daß die Juden nicht eben wegen began-

---

*) Ueber den Charakter des Kaisers Leopold I. vergl. unter anderem Arneth's Eugen von Saboyen I. S. 189.

**) Im Jahre 1669 wurden auch mehrere Juden aus Prag und aus anderen Städten Böhmens ausgewiesen. (Wir sind im Besitze des Verzeichnisses der Ausgewiesenen). Außerdem zeigte noch nachträglich die böhm. Kammer, Prag 21. Aug. 1669, an, daß Isr. Marc. Altschul, der alte Lazar und der junge Solomon Töplitz und Löbl Straßitz von Prag ausgewiesen wurden. Man solle diese Juden auch in Wien nicht dulden.

gener Vbelthat sondern vmb willen Jrer k. M. dieselben in deren Erz-
herzogthumb Osterreich ferner nicht gedulden wollen fortgeschafft werden.
Deme nun sie Regierung recht zu thun solche von Jr gefertigte
Paßbriefe denen abziehenden auf anmelden zu ertheilen wissen wirb."

Ebenso wurden die Judenrichter uud Beisitzer per Imperatorem
aufgefordert, denjenigen Juden, welche von Wien ausgeschafft werden
in der „Schul" davon Mittheilung zu machen, damit sie einerseits
davon verständigt werden, und andererseits ihre Angelegenheiten in Ordnung bringen können.

Doch die Feinde der Juden beruhigten sich nicht mit der theil-
weisen Erfüllung ihrer Wünsche und der Kaiser erließ ein Schreiben
an die Inquisitionskommission, 7. Aug. 1669, in welchem befohlen
ward, daß die Juden keine christlichen Dienstboten halten sollen *).
Mit der Bandisirung des Hirschel Mayer solle man innehalten bis
die Gläubiger befriedigt sein werden, von dem Vermögen desselben
sollen 20—50,000 fl. für öffentliche Zwecke verwendet werden. Die
drei gefangenen Juden: Gemeindeschreiber Ascherl — der in Verdacht stand ein Weib umgebracht zu haben, — Veit Munk — nicht zu
verwechseln mit dem ehemaligen Rabbiner in Worms der damals schon
gestorben war, dieser Angeklagte war einäugig — und Moses Schlenk,
welcher beschuldigt war, daß er sich habe von Hirschel Mayer ver-
leiten lassen, Jemanden zu vergiften und zu tödten, sollen wegen ihrer
Missethaten weggeschafft werden. Endlich fragt der Kaiser, ob die
Reduktion der Juden ausgeführt werden könnte.

Die Inquisitionskommission berichtet hierauf: Das Verbot wegen des Haltens christlicher Dienstboten sei bereits erlassen und ebenso
die genannten verbrecherischen Juden ausgewiesen.

An die Gläubiger von Hirschel Mayer (der ein Vermögen von
50,000 fl. besitze) sei bereits der „Ruf" ergangen. Hirschel Mayer,
bemerkt die Inquisitions-Commission weiter, habe viele Juden um das

---

*) Bekanntlich verbieten die canonischen Gesetze das Halten christl. Dienst-
boten von Seite der Juden, (vergleiche oben S. 18 u. 22). Das Gesetz wurde jedoch
nie beobachtet, trotzdem es wiederholentlich erlassen wurde. Eigenthümlich ist es,
daß, als man, wie bekannt, unter dem Ministerium Bach-Thun dieses Gesetz neuerdings in Kraft setzen wollte, Bischöfe von Galizien und der Cardinal-Primas von
Ungarn, nach Mittheilungen der wiener „Presse", zumeist die damalige Regierung
in diesem Vorhaben unterstützten.

ihrige gebracht, anderen nach dem Leben gestrebt und alle tiranisch be-
herrscht. Zuletzt trägt die Commission darauf an, nicht blos eine Reduktion der Jude. vorzunehmen, sondern sie gänzlich auszuweisen.
„Dieses Volk von Gott verflucht ist mit grausamen assassiniis, veneficiis, incestibus, adulteriis, furtis und fast allen criminibus be-
haftet."

Der Kaiser forderte hierauf die Hofkanzlei auf, ein Botum in
dieser Angelegenheit abzugeben. Bei der Beratung waren die Fürsten Lobkowitz, Auersperg und Dietrichstein 2c. Wir geben in der
Beilage VIII das Gutachten vollständig und unternehmen es nicht
dasselbe zu widerlegen oder zu berichtigen, denn der maßloseste
Judenhaß diktirte dasselbe. Wir wollen damit nur ein Pröbchen geben, in welcher Weise über Juden geurtheilt wurde, und freuen uns
zu bemerken, daß die Nachkommen jener Männer in neuester Zeit
wiederholentlich für die Gleichberechtigung aller Staatsbürger einge-
treten sind und das Unrecht ihrer Väter gesühnt haben. Wir werden
übrigens im Verlaufe dieser Darstellung noch Gelegenheit haben,
durch unparteiische Zeugen den Beweis zu führen, daß jene Anschul-
bigungen nicht in der Wahrheit begründet waren.

Das Gutachten der Hofkanzlei wurde der Hofkammer vorgelegt
und diese fand Gründe für das fernere Verbleiben der Juden, die wir
Beilage IX mittheilen. Jedoch konnte darauf nicht gerechnet werden, daß diese Ansichten siegen werden und setzen wir die Wiederlegung
der „Rationes" sofort hinzu. Endlich suchte auch die Inquisitions-
Commission noch ihren Einfluß geltend zu machen und plaidirte für
ihre Ansicht (Beilage X.)

Wie natürlich blieben diese Vorgänge kein Geheimniß und die
Bürgerschaft Wiens hielt den Moment für geeignet auch ihr Botum
in der Form einer Petition zu geben, um das Zünglein der Wage desto
schneller in Bewegung zu Ungunsten der Juden zu setzen.

Bürgermeister und Rath der Stadt hatten sich erboten, wenn es sein
muß, nicht bloß die Steuer, 10.000 fl. jährlich, für die Wiener Juden,
sondern auch die Steuer 4000 fl. für die Landjuden in N.-Oe. zu
zahlen. Sie machten zugleich einen historischen Rückblick, der freilich viele
Blößen der Kritik bietet, aus dem wir Folgendes entnehmen:

Sie wiesen auf Spanien hin, welches in 24 Stunden (?) alles
jüdische Gift vertrieben. Tirol, Oberösterreich und Steiermark haben

eit 100 J. keine Juden. In Oberösterreich wurden sie 1594 unter Rudolf binnen 2—3 Monaten vertrieben. In Baiern dürfe kein Jude bleiben, im röm. Reiche sine speciali privilegio ebenfalls nicht. In Frankreich, wo sonst die Hugenotten waren, sei nicht Ein Jude (?)

Herzog Albrecht, heißt es in den Chroniken, hätte, ehe er zum röm. Könige gewählt wurde, Befehl gegeben, die Juden auf einmal zu erschlagen. Im J. 1555 vertrieb Ferdinand I. die Juden aus Görz und Niederösterreich.

Hierauf folgen einige Jeremiaden. Die Bürgerschaft sei von 5—6000 auf 2000 herabgeschmolzen, die gottlosen Juden wuchsen bis 3000. Damit sie nicht mehr wachsen und wie in Kärnten die Bürger mit Gewalt austreiben (?) möge man sie zuvor austreiben.*)

Endlich wurden die Wünsche ausgesprochen: Die Judenvorstadt soll Leopoldina genannt und aus der Synagoge eine Kirche gemacht werden.**)

Diese vereinigten Anstrengungen gegen die Juden hatten bald Erfolg und schon am 5. Dec. 1669 erschien per Imperatorem eine Aufforderung an die ganze jüdische Gemeinde binnen 24 Stunden ihre activen und passiven Schulden bei der Regierung einzureichen. Sofort am 3. März 1670 erging eine Aufforderung an alle diejenigen, welche bei den Juden Schulden haben, sich bei der Regierung zu melden und am 8. März erging an den Hofbauschreiber Johann Philippen der Auftrag die Judenhäuser zu schätzen, (wir geben die Schätzung in der Beilage XI) und am 14. April erging die Einladung an die Wiener Bürger, sich zum Kaufe der Häuser zu melden.

Am 28. Feber 1670 erschien endlich der kaiserl. Befehl an die Juden und an die Bürger, daß erstere bis am Tage vor dem Fronleichnamsfest, welches damals auf den 5. Juni fiel, Wien und Nieder-

---

*) Wer erinnert sich hier nicht an die pharaonische Sophistik. Exodus 1. 10. (Vergl. Leben Moses von Dr. B. Beer zur Stelle.)

**) Nachdem die Juden wirklich ausgetrieben wurden, verpflichtete sich der Magistrat förmlich angeführte 10.000 fl. für die Wiener- und 4000 fl. für die Landjuden, zusammen 14.000 fl. jährlich in die Kammer abführen zu wollen, und zwar 10.000 fl. sollten der Hofkammer und 4000 fl. dem Vicedomamt geliefert werden. Unterschrieben ist das Document, Wien 25. Juli am St. Jacob Zwölfpottentag 1679 von Daniel Lazarus Springer, Bürgermeister, Peter Sebastian Feigenschuch Senior, Joh. Christ. Holzner, Thom. Wolff Puchenegger und Georg Stapfer, Oberstattkämmerer.

öftereich verlaſſen haben müſſen. Niemand dürfe den Juden etwas zu
Leide thun, noch dürfen ſie Andere kränken oder beleidigen, wofür ſie
alle verantwortlich wären. Die Juden dürfen nicht ihre Schulden ein-
caſſiren, bis nicht erforſcht iſt, wie viel ſie ſchuldig ſeien.

Nachdem die Juden keine Hoffnung hatten, in Wien und Nieder-
öfterreich bleiben zu dürfen, verließen mehrere vor dem feſtgeſetzten
Termine Stadt und Land. Ein großer Theil derſelben ging nach
Preußen, wo ſie vom Churfürſten in Berlin freundlich aufgenommen
wurden und ließen ſich daſelbſt nieder. Andere zogen nach Baiern, insbe-
ſondere nach Fürth ꝛc., der größte Theil ging in das benachbarte Mähren.
Am 11. Juni berichtete der Statthalter in Mähren, daß zahlreiche
Juden aus Wien ihren bleibenden Aufenthalt in Mähren nehmen;
doch legte man ihnen weiter keine Hinderniſſe in den Weg.

Die zurückgebliebenen Juden ſuchten nochmals den harten Schlag,
der ſie treffen ſollte, abzuwehren. In einem Majeſtätsgeſuche, welches
wahrhaft rührend iſt (mitgetheilt in Feig „der Adler" und in Schudt)
weiſen ſie auf ihre Unſchuld hin, und für den Fall, daß der eine oder
der andere ſich vergangen hätte, ſo möge man denſelben nach der
Strenge des Geſetzes beſtrafen, aber nicht die Unſchuldigen mit den
Schuldigen büßen laſſen. Sie verweiſen auf die Sündfluth, wo Gott
das ganze Menſchengeſchlecht beſtrafte, aber Noa am Leben ließ, weil
er gerecht war. Sie berufen ſich auf ihren Patriotismus, auf ihre
Opferfreudigkeit, die ſie zu allen Zeiten bewieſen haben ꝛc., doch alle
Bemühungen waren vergebens.

Selbſt aus der Mitte der Wiener Bürger erhoben ſich Stimmen
für die Juden; ſie plaidirten beim Kaiſer für das fernere Verbleiben
der Juden in Wien. Sie begründeten ihre Petition dadurch, daß die
Juden jetzt nicht in der Lage ſeien, ihnen ihre Schulden zu bezahlen,
da ſie losgeriſſen von Haus und Hof werden, ihr Vermögen kein be-
deutendes ſei und ihre Häuſer, da ſie Niemand braucht, weit unter dem
Preiſe verkauft werden würden, wodurch ſie zu kurz kämen.

Wir glauben, daß die „wiener Gemüthlichkeit" in dem Geſuche
jener Bürger zum Ausdrucke kam und meinten ſie der Sache deſto
beſſer zu nützen — in einer Zeit, wo Herz und Gemüth ſo gänzlich
verſtockt und verſtummt waren — wenn ſie bloß auf den materiellen
Nachtheil hinwieſen, den ſie durch die Ausweiſung der Juden erleiden
würden; — doch auch dieſer Verſuch blieb fruchtlos. Der Ausweiſungs-

4 *

termin wurde bis zum 28. Juli erstreckt. Hierauf wurde ein Vertrag 24. Juli 1670, zwischen der Regierung und dem Magistrate geschlossen, den wir hier folgen lassen:

„Von der k. röm. auch zu Hungarn und Böhaimb kay. M. Erzherzog zu Oesterreich unseres allergnädigste Herrn wegen N. Bürgermeister und Rath der Residenzstatt Wien hiemit in Gnaden anzuzeigen. Allerhöchst gedachte Ire k. M, seyn aus ihren eingeraicht gehorsambst anbringen in unterthänigkeit referirt worden, waßgestalt Sie von Wien sich erbotten zu Bezahlung der Jüdischen Creditoren die allhier über der Schlagpruckhen gelegene ganze Judenstadt mit einschließung aller gemaine und privathäuser wie auch der alt und neuen Sinagogen umb ein mahl hundert tausend Gulden khaufflich anzunemben, auch wofern man darmit zur Abtilgung der Jüdischen Schulden nicht gelangen khönte, noch darüber bis in zehen tausend Gulden beyzutragen. Jedoch mit und gegen dieser Bedingung, das erstlichen niemandt wieder ihr von Wien willen in gemelter Judenstatt sich niederlassen; Andertens der untre Wörth sambt solcher darin stehenden Judenstadt wie bishero also noch immerfort von allen Hofquartieren befreit sei. 3. die aus der Sinagoge khünfftig formirende Kirche mit einwilligung des Herrn Ordinary durch weltliche Priester ersezt und Ihnen von Wien das Jus advocatis et patronatis darüber gelassen. Vnd dan leztlichen Sie weither von newem nicht beläftigt werden. Wie nun allerhöchst erwehnt Ire k. M. Ir von Wien eyfer Fleis und befürderliche mitwirkhung zu erraichung dero wegausschaffung der Juden geschöpffter heilsamber resolution zu sonderbahren hechsten wolgefallen geraichet, also haben auch dieselbe entgegen iezterzehlten Bedingnussen gnädigst placirt und approbirt, welches man Inen von Wien hiermit zu ihrer Nachricht und Versicherung intimiren wollen. Es verbleiben übrigens Ire k. M. denselben mit khayf. gnaden wolgewogen.*)“

Am 28. Juli 1760 war kein Jude mehr in Wien. Die lezten Vorsteher der Juden in dem genannten Jahre waren: Max Schlesinger,

---

*) Anfänglich wurde bestimmt, wenn die Summe von 100—110,000 fl. nicht für die Gläubiger der Juden hinreichen würde, sollten die gemeinen Creditores und Chyrographaren von den Koppel Fränklischen Juwelen und Kleinobien (es waren dieses Pfänder des moldauischen Fürsten) bezahlt werden. Mit welchem Rechte dieses geschehen sollte, ist uns unbekannt. Doch wer kümmerte sich um das Recht? Handelte es sich doch um wehrlose Juden, die eben nichts als das Recht für sich hatten, und die man beschuldigte alle Ungerechtigkeiten begangen zu haben.

Juda Pollack, Michael Gerstel, Judenrichter, David Nathan, Raitⶠhändler, Aron Fränkhel, Commiſſariꞧichter. Der „untere Werd" hieß von nun an „Leopoldſtadt."

Um die chriſtl. Gläubiger der Juden ſicher zu ſtellen, welche bei ihrem Abzuge nicht bezahlen konnten, erlegten Koppel Fränkhels*) Erben der k. Commiſſion 20.000 fl. und erhielten darüber vom Kaiſer eine Beſtätigung, die wir folgen laſſen, da ſie nicht ohne Intereſſe iſt:

Wir Leopold ꝛc. bekhennen und thuen khundt Mänglichen, welcher geſtaldt die Koppel Fränkhlſchen Erben, als Jſak Jſrael und Enoch nicht allein, waß vnnß ſie zu raichen ſchꞟldig geweſen, ordentlich abgeſtattet ſondern auch wegen der wider Sie gehabter chriſtlicher Anforderungen in Gegenſpruch bey der von vns verordneten Commiſſion alleß zu geⶠnuegen außgeführt. Nicht weniger ſowol zu Bezahlung der alhieſigen gemeine alß auch privatſchulden von ihren aigenen paaren Mitteln, ober ihr von denen Neunern außgeworffeneß Contingent 20.000 fl. der Judenⶠſchafft zum beſten abgeführt, Sodann fernereß die Fürſt Moldauiſche Jubellen, Geſchenk und Cleinodien ſambt dem Originalſchuldbrief zu vnſerer Comiſſion händen auf vnſeren gnädigſten Befehl eingeraicht haben.

Damit Sie aber hinfüro weder von Chriſten oder Juden, noch Jemandtß andern wegen obbemelbter Handlungen weiterß nit angeⶠfochten werden; Alß haben wir ſie geſambte Koppel Fränkhlſche Erben von allen Anſprüchen hiermit auf daß beſte und cräfftigſte ledig und loßſprechen, hierumben ordentlich quittiren vnd benebenß erclären wollen daß die Fränkhlſche Erben wegen ihrer der ganzen Jüdiſchen gemain zu abſtattung der Schulden vorgeſtreckhten 20000 fl. bei all denenienigen Juden, für welche Sie bey vorgedachten Commiſſion richtigkeit gemacht, andwärtig ihren recress widumben zuſicherung und macht haben

---

*) Genanter Koppel Fränkel war es auch, auf deſſen Veranlaſſung der Graf von Falkenſtein dem Magiſtrate 4000 fl. erlegte, wofür dieſer am 17. Juli 1671 einen Revers ausfertigte, worin er die Verpflichtung übernahm, den Gottesacker zu umzäunen und an demſelben nichts zu verändern. Koppel Fränkel wurde von dem Mißgeſchicke, in das Exil zu wandern, befreit. Er ſtarb kurz bevor die Juden auswanderten, 27. Niſſan 1670, und liegt auf dem alten jüdiſchen Friedhofe in Wien begraben. Vergl. Inſchriften Nr. 320. Erſt nach der Rückkehr der Juden, 1676, ließen ihm die Söhne, die damals in Fürth wohnten, einen Grabſtein ſetzen. Eine Tochter Koppel Fränkels, Krendl, heirathete einen Sohn des Secharia Halevi, Namens Beer.

sollen. Wir befehlen auch allen Unser Obrigkhaiten und Tribunalen ob-gemeldete Fränkhlische Erben deßwegen an die Handt zu stehen und dieselben ihres wohlverhaltens halber Ihnen empfohlen seyn zu lassen, hierin vollziehen Sie Unsern guädigsten Willen und Mainung. Wien 31. July 1679."

Wer wollte all' das Elend und den Jammer schildern, welcher damals unverschuldeter Weise über die Juden in Wien und in Nieder-österreich kam. Die alten Weisen sagen, daß Gott den Patriarchen Abraham auf zehn Proben stellte, bevor er ihn zum Stammvater eines Volkes erwählte, dessen Namen segnend die Nationen der Erde außspre-chen sollten. Die erste Probe war, als er zu ihm sprach: „Ziehe weg aus deinem Vaterlande, aus deinem Geburtsorte und aus deinem Vater-hause in ein Land, das ich dir zeigen werde," und Abraham verließ Vaterhaus, Geburtsort und Vaterland und zog hinaus in die fremde unbekannte Welt. Diese Aufforderung, das Vaterland zu verlassen, wenn auch nicht im Auftrage und auf den Befehl Gottes, erging später wiederholentlich an die Nachkommen Abrahams. Wahrlich wir müßten bei unseren Lesern voraussetzen, daß sie das Gefühl der Vaterlandsliebe nicht kennen, wollten wir versuchen zu schildern, was es heißt die lieb-gewordene Heimat zu verlassen, wo wir die schönsten und selig-sten Jugendträume geträumt, wo die Gräber der Väter sich be-finden, wo die Wiege unserer Kinder gestanden hinauszuziehen und das Brod des Elends und der Verbannung zu genießen. Väter und Mütter, die im Schweiße ihres Angesichtes sich einen Hausstand ge-gründet hatten, mußten denselben verlassen und anderswo aufs Neue ihr Glück versuchen; Greise, die dem Grabe zuwankten, mußten den Wanderstab ergreifen; unschuldige Kinder wurden aus der Wiege ge-holt; Kranke und Bresthafte riß man vom Kranken- und Todtenbette, daß sie weg- und hinausgehen und wie die Juden in ihrer bereits an-geführten Bittschrift sagen: „nicht ohne herzbrechendes Mitleid der zusehenden Christen die Eltern von den Kindern und diese von ihnen abgerissen worden; Andere wegen so kurzen Termines zum unversehrten Abzug ihre wenige Substanz um einen Spott verkaufen lassen, die meisten aber mit leeren Händen außer einigen Zehrpfennigen fortziehen müssen, aber alle mit Leib- und Lebensgefahr exiliren, unwissend, wo sie mit ihren unmündigen Kindern über Nacht herbergen, geschweige wo sie sich häuslich niederlassen und ihre Nahrung suchen sollen, das Leben

gleichsam für eine Straff und den Tobt für eine Erquickung halten
müssen. Ungemeldet wie unterschiedliche alte Leute aus Schwachheit und
Betrübniß auf der Reise von den Wägen gefallen und jener einen
Arm, dieser ein Bein gebrochen, etliche gar ermordet worden und jäm-
merlich um ihr Leben kommen sind." — Und warum und weßwegen
wurden diese Gräuelthaten ausgeübt? — Waren die Juden eine Rotte von
Mördern, Dieben, Räubern, Vaterlandsverräthern? — Nichts von all dem
ist wahr. Die Juden waren vielmehr nützliche Mitglieder des Staates,
gute Patrioten. Hören wir sie selbst sprechen: „Bevorab da die ganze
Zeit, da unsere Gemeinde in diesen Landen subsistiret, so doch über
150 Jahr alt ist, kein Exempel vorhanden, daß dieselbe sich jemals
etwas zuthun geweigert, geschweige auf einige Weise ungehorsamb gewesen wären oder welches noch unerhörter den Rebellen oder anderen
Widerwärtigen den geringsten Vorschub oder Handleistung gethan, sondern vielmehr in allen Kriegswechseln und Feuersbrunsten dort mit Gelt
und Erbauung des Bollwerks, da mit persönlicher Hielffleistung sich
eylfertig und devot erzeiget. Gestalt dann auch im übrigen im Handel
und Wandel nichts straffmäßiges zu weisen seyn wird, dessen sich die
ganze Gemeinde oder ein Theil derselben theilhafftig gemacht hätten,
dann obzwar eines Theils zu Zeiten ein und andere mal solches spargirt
worden, so hat es doch endlich an Beweißthum und der Wahrheit Grund
gemangelt, daß über je zuweilen Privatjuden unehrbare Thaten begangen,
daß ist auch in denen aufs beste bestellte Communitäten nichts unerhörtes. Es
seynd auch die Authoren und Urheber darüber nach Gebühr gestraffet worden."
Und wenn wir nochmals fragen, warum wurde all das Leid
und Weh über die Juden gebracht? — so können wir nur wiederholentlich darauf antworten, weil die Bürger glaubten, daß sie nach dem
Abzuge der Juden bessere Geschäfte machen würden und weil fromme (?)
Katholiken meinten, in solcher Weise am besten im Sinne der Religion
der Liebe zu handeln, wenn sie unsägliches Elend über die Juden bringen.

Schon am 24. Nov. 1670 dankten die damaligen guten Bürger
Wiens dem Kaiser, daß er den Grundstein zur Kirche gelegt, wo früher
die Judensynagoge war und der Name Christi geschmähet wurde *) und
luden zur Einweihung der Kirche ein.

---

*) Es bedarf wohl nicht der Vertheidigung der jüdischen Liturgie, da die-
selbe übersetzt vorliegt. Man kann es übrigens dem getretenen Wurm nicht
übel nehmen wenn er sich krümmt.

Wir laſſen aus dem Schreiben einige Säße folgen:

„Allergnädigſter Herr, Khayſer und Landesfürſt, daß Euere
k. M. Nach beſchehener gottgefälliger Ausſchaffung der vermaledaiten
Juden in deren gehabte Synagoge damit ſolche zu einem Tempel Un-
ſeres wahren messiae gemacht werde, chriſtlich catholiſchen gebrauch
nach den Erſten Stein ſelbſteingelegt haben, thuen wir Uns undt geſambte Burgerſchaft allerunderthſt gehorſamſt bedankhen. . . .

Wan dann Jedermäniglich mit großem Verlangen eiffert undt
ganz begierlich an dem Orth, wo Chriſtus und ſeine unbeflekte Mutter
ſo viel tauſend und unzehlbare Male von den gottesläſterlichen Juden
geſchmähet worden dieſelben zu Ehren und den wahren Messiam an-
zubetten den Tag und ſtundt wünſchet benebens unſer Herr ordinarius,
daß er allein E. k. M. befelch uns vertröſtet damit dan Gottes Ehr
auffs allerhöchſt befördert Jedes wahren catholiſchen Chriſtens lobwür-
dige Begierdt erſättigt . . .“

Der Biſchof Wilderich von Wien, an den ebenfalls eine Einladung ergangen war, die Kirche einzuweihen — anfänglich dachte man
daran, den Papſt einzuladen — beruhigte die Uebereifrigen und ver-
wies Bürgermeiſter und Magiſtrat, daß ſie warten mögen, da die kalte
Jahreszeit im Herbſte nicht für derartige Feſte geeignet ſei.

Der Jubel der Wiener über die Austreibung der Juden dauerte
jedoch nicht lange, die Hoffnungen, welche man auf den Aus- und
Abzug der Juden ſetzte, bewährten ſich nicht, die Geſchäfte wurden nicht
beſſer, ſondern ſchlechter, der Wohlſtand im Allgemeinen nahm ab; die
Häuſer verloren am Preiſe, da plötzlich und mit einem Male viele
Häuſer zum Verkaufe ausgeboten wurden und der Miethzins wurde
billiger, da eben ſehr viele Wohnungen leer ſtanden. Es kam bald ſo
weit, daß die Bürger ſich außer Stand erklärten, die Steuern für die
Juden (14.000 fl) zu zahlen. Noch größer war der Schaden, den
der Staat durch den Abzug der Juden erlitt. In der Judenſtadt
wurden jährlich beiläufig 2000 Stük ungariſche Ochſen conſumirt, dieſe
brachten eine Steuer von 8000 fl., ferner verbrauchten die Juden
6800 Eimer Wein; die ſonſtigen Steuern der Juden machten jährlich
40,000 fl. aus, welche ein Vermögen von 8,000,000 fl. repräſen-
tirten. Die Häuſerſteuer nahm bedeutend ab, da mehrere hundert
Häuſer leer ſtanden. Auch die Landſtände beklagten ſich, daß ſie

durch den Abzug der Juden jährlich über 20000 fl. verlieren müßten u. s. w.*)

Der Staat war aber durchaus nicht in der Lage auf derartige Einkünfte verzichten zu können zu einer Zeit, wo er beständig in Kriegen verwickelt war, und man eben Geld, Geld und Geld, nach dem bekannten Ausspruche Montecuculis, brauchte.

Die aus Wien ausgewanderten Juden hatten noch nicht ihrer Vaterstadt vergessen, und sehnten sich, insofern es ihre neuen Verhältnisse zuließen, wieder nach Wien zurück. Man kam sich also von beiden Seiten entgegen und es fand daher in Wischau in Mähren am 26. Sept. 1673 eine Conferenz statt, bei welcher Graf Breuner u. J. Gabriel Selb als Bevollmächtigte der Behörden und Hirschel Mayer und Consorten (die nicht namentlich angeführt sind) von Seite der Juden anwesend waren. Bei dieser Conferenz wurde vereinbart, daß die vertriebenen Juden, mit Ausnahme der Canaille**) wieder nach Wien zurückkehren dürfen, und zahlen sie dafür 300,000 fl.

Man fand diese Anträge als Basis für annehmbar und sollte das Weitere in Wien geregelt werden.

Die Regierungsbehörden waren geneigt, Folgendes zu bewilligen:

1. Es soll 250 jüdischen Familien gestattet sein in Wien zu wohnen (früher waren 500 Familien).

---

*) Wir verweisen den Leser auf die Beilage XII. das Gutachten der Hofkammer. Man gewinnt durch dasselbe klare Einsicht und lernt die damaligen Zustände, sowol in religiöser wie in politischer und national-öconomischer Beziehung kennen. Dieses Votum ist die glänzendste Rechtfertigung der Juden gegenüber den Schubts, die sich bis auf die neueste Zeit fortgepflanzt haben und noch in der zweiten Hälfte des 19. Jahrhunderts ihr Dasein fristen. Wir schließen uns auch der Ansicht der Kammer an, daß es nur „etliche Handelsleute und Krämmer gewesen", welche diese unglückselige Katastrofe herbeiführten und daß dem großen Theil der Wiener Bürger nur die Energielosigkeit zum Vorwurfe gemacht werden kann, daß sie eben nicht den Muth hatten für ihre Ueberzeugung einzustehen und den „Schreiern" das Terrain überließen.

*) Unter „Canaille" verstand man zu jener Zeit zumeist die Armen. Auch in späterer Zeit bei Ertheilung der „Toleranz" ging man von dem Grundsatze aus, daß das Vermögen zunächst das entscheidende Moment sei. „Geld macht Bastarde zu legitimen ehelichen Kindern." Dem Juden machte man es jedoch zum Vorwurfe, wenn er nach Geld strebte.

2. Als Wohnplatz für die Juden wurde die Ecke der frühern Judenstadt bestimmt.

3. Wird den Juden bewilligt 50 Handelsgewölber in der Stadt zu halten.

Um die Verhandlungen weiter zu führen und möglicher Weise zum Abschlusse zu bringen, beschied man 4 Juden nach Wien. Dieselben wurden in dem Garten des Hofkammerpräsidenten (in der Nähe der Ferdinandsbrücke) und im Hospitale einlogirt. Ihre Anwesenheit wurde geheim gehalten, da man fürchtete, daß der Pöbel die Juden insultiren könnte. *)

Nachdem die Verhandlungen so weit gediehen waren, daß auf Erfolg zu rechnen war, richtete die Hofcammer neuerdings einen allerunterthänigsten Vortrag an den Kaiser und befürwortet die Wiederaufnahme der Juden. Es finden sich hierauf zwei Resolutionen. Die erste beginnt mit den Worten: „Diß werth Ist von höchster Importanz" die Fortsetzung ist jedoch kaum zu entziffern **). Die zweite Resolution lautet: „Müßt man es vor allen theologice, Sodan politice vnd letztlich cameraliter vberlegen an liceat, an deceat an expediat.

Leopoldt."

Politisch und cameralistisch war die Frage gelöst und bedurfte nicht mehr besonders erörtert zu werden; es konnte sich daher nur fragen, in welcher Weise die Theologen diesen Gegenstand betrachten würden, ob es nämlich gestattet sei, die eben kurz zuvor vertriebenen Juden wieder aufzunehmen. Die Hofkammer wendete sich an die theologische Facultät zu Wien um ein Gutachten in dieser Angelegenheit und dieselbe sprach sich zu Gunsten der Juden aus. Wir nehmen zu ihrer Ehre an, daß durchaus keine äußeren Einflüsse auf sie

---

*) Kurz zuvor ließ Graf Hans Kollonitsch Juden zur Ummünzung des polnischen Geldes kommen und diese wurden im Garten des Grafen Falkenstein versteckt.

**) Der Kaiser Leopold liebte es, die Resolutionen selbst niederzuschreiben, und gewiß erhalten die Entschlüsse dadurch eine eigenthümliche Frische und einen Reiz. Leider ist jedoch die Schrift dieses Kaisers kaum zu entziffern. Kaiser Leopold schrieb auch öfter eigenhändig die Instructionen an die Gesandten an fremden Höfen, wodurch diese in große Verlegenheit kamen, da sie manchmal die Aufträge nicht lesen konnten. Der Gesandte in Rom bat deshalb einmal den Kaiser die Depeschen zu dictiren.

eingewirkt haben und sie nur der Wahrheit die Ehre gab. Wir heben aus demselben einige Säße hervor:

„Daß Ire k. M. nach dero will vnd wollgefallen, die Juden auß Osterreich vnd der Statt Wien vertreiben konnten, solches wirdt nimmermehr in Disputat gezogen, sondern nur gefragt, ob nicht die widt einnembung derselben zu dero aigenen vnd deß Landts nuzen gereicht. Wie dan Erstlichen in denen Christlichen Königreichen, Republicen, furstenthumben Landt vnd Stätten die Juden illaesa Conscientia tolerirt werdten können, sich auß denn göttlich geistlich vnd weltlich Rechten probiren laßet, wie solches vnter vielen andern Martin Mayer v. Schönberg weyl. Erzherzogen Leopoldi zu Osterreich, Bischoffs zu Straßburg vnd Paßau seel. gewester Rath in seiner weyl. Kayser Ferdinandt den Anderten glorwürdigsten andenkhen zugeschrieben tractata de Advocatia armata Cap. 8 n. 220 et seq. mit mehreren außführet, auß welchen wir auch andre thailß von ihme allegirten classicis Doctoribus nur etliche fundamenta beygebracht werdten. Dan daß die Juden von denen Christen nicht gänzlich vnterdruckht vnd vertrieben werdten sollen, gibt Gott ziemblich darauß zuuerstehen, indem Er durch den Apostel Paulum Epist. ad Roman. C. II vs. 23 et 26 schreiben lasset Judæos ante finem mundi cum inter gentes electq numer. complet. fuerit ad Christum convertendos ec. Darauß folget, daß dem willen Gottes gemäß seye biß solche Determinirte Zeit dermal eins herzuruckt die Juden zu gedulden. Maßen dan viel Consilia vnd absonderlich daß jenige so anno 1267 zu Wien gehalten Würde solche toleranz approbirt auch alle Römischen Päbst biß auf gegenwärtigen Päbstlichen heiligkeit selbige jedzeit in statu ecclesia auch gar in der Statt Rom gebuldet haben.“

Nachdem dieses Gutachten gegeben war, erstattete die Hofcammer neuerdings Bericht an den Kaiser. Die Verhältnisse drängten übrigens zur Entscheidung. Wir theilen den Bericht vollständig mit, der Leser wird aus demselben entnehmen, in welchem trostlosen Zustande sich die Finanzen des Staates zu jener Zeit befanden; da die Hofkammer die Besorgniß ausspricht, sie wisse nicht, in welcher Weise Küche und Keller zu versorgen, und das Offert der Juden „für ein sonderbares Glück schätzt und selbiges keineswegs aus Handen zu lassen vermeint.“ Doch geben wir das Document selbst:

Ewere Mayestät;

Allergnädigster Herr!

Ew. k. Mayestät tragen allergnädigst wissenschafft waß maßen zu dem bevorstehent Veldzug theils auch zu gegenwertiger Raiß fast in die 400,000 fl. anticipirt und dargegen die allerhöchste mitl, welche bishero zu Ew k. Mayestät Taffel reseruirt gewessen, nemblichen daß allhiege Salz und Deputatamt in Böheimb versetzt und die wiederbezahlung auf das negst eingehente Jahr verschrieben werden müssen, da man anderst etwas aufbringen wollen.

Indem nun eine Jahres Zeit bald herumbläufft, ist auf die Wiederbezahlung nicht vnbillig zeitlich zu gedenkhen, welche der Hofcammer aus den Verschriebenen Mitteln zu laisten fast vnmüglich fallen würde in sonderbahrer Consideration wan auf das nägst eingehende Jahr die Militia die Landtagsbewilligung (wie dann durante bello nichts anders zu hoffen) wiederumb exhaurirt und zur freyen Disposition nichts vbrig verblieben, auch aus dem Deputirten und Salzambt zu der Hoffstatt nicht applicirt werden solte, wüste man nicht wie die Kuchl vnd Keller vnterhalten; zu geschweigen die quartalisten bezahlt vnd sonsten der Decor einer Kaiserl Hoffstatt konservirt werden könnte. Wolte man dann denen Creditoren die schuldige bezahlung vorenthalten, so währe der Credit auf einmahl verloren vnd würde man sich in dem eußersten nothfal vnd bedürftigkeit nirgents ein Hülff zu getrösten haben.

Dannenhero gleich anfangs die gehorsambste erinnerung geschehen auf alle weiß und weg extraordinari Mitl zu suchen, wodurch die anticipation hindan gefertigt vnd die Aembter zeitlich literirt werden möchten. Wann dieses geschicht so wird man nicht allein mit Versehung den Hoffstatt leichter fortkhommen sondern auch da wiederumb eine Vnuersehene noth sich eraignen solte, mit neuen Anticipationen besser aufkommen können, da man sonst in widrigen fahl allenthalben zu boden liegen müssen die extraordinari mitl aber sonderlich die von einer importanz vnd die etwas außgebig seind inter rara contigentia zu zählen vnd nicht leicht zu findten auch selten ohne große Mühe vnd verlierung viller Zeit zu erheben, womit bey ietzigen coniuncturen wenig gehollfen währe, dahero die Hoffcammer daß von den Juden geschehene Offertum gleichsamb für ein sonderbahres

Glückh geschäzt vnd selbiges keineswegs aus handten zu lassen vermaint auch annoch für die größte Cameral-Unwirthschaft hielte, da man sich dessen bei gegenwärttigen großen Geldmangel vnd da keine apparenz zu einem andern ergäbigen mittel vorhandt nicht bedienen wollte.

Ew. k. Mayestät haben vnlängst gnädigst dafür gehalten, daß dieses Werk theologice, politice vnd cameraliter vberlegt werden solle, darauff die Hoffcammer nicht unterlassen, vornehme theologos zu consultiren, welche vermeinen, daß ein ieder Potentat oder Landesfürst **illaesa conscientia** die Juden toleriren vnd die außgeschafften revociren könne, sonderlich wann es ihm und seinem Landt zu Nuzen geraicht. Ratione politci hat man eine Conf. gesucht iedoch nicht dazu gelangen können, zumahlen thails vermainen wan man den schaden betrachtet, welcher durch außschaffung der Juden geschehen vnd was durch die wiedereinlassung dem Landt genuzt, auch sonderl. durch das gethane Offertum dem gemainen Wesen geholfen wirdt, daß gar keine **questio** oder **ratio dubitandi** sein könne die Juden wieder hereinzulassen. Die Verenderung der resolution legt nichts in Weg, zumahlen eines Regenten **scopq primariuq** ist seiner Ländter vnd vntterthanen Nuzen zu befördern und was denjelben schädlich zu sein befundten wirdt zu endtern.

Beuorab da dießfalls die neue resolution nicht **motu proprio** sondern auf anhalten der österreichischen vnd mähr. Landständt ergehen thätte auf welche eine größere reflection als etwa privat Personen zu machen. Waß das Camerale betrifft, ist darüber bereits anregung geschehen, was vor ein Nuzen derzeit darmit geschafft werden könnte.

Es ist ganz notorium wie sehr die Ländter erschöpfft vnd die Camermitl onerirt sein, daß also sehr schwer fallen würde, einen solchen ansehentlichen Beytrag zuuerwerffen und dargegen die armen Vntterthanen desto mehrere zu benuzen. Dabey auch dieses zu beobachten, daß dem Verlauth nach die Juden in Italia, zu Frankfurth auch anderer Orthen In und außer des Reichs ein geltbeytrag (ohne dessen die aus Desterreich vertribenen wenig würdt praestiren können) thun wolten, welche durch langes aufhalten Ihre mainung leichtlich ändtern, als dieses mitl gar entgehen möchte zu dem auch diesem Landt durch schleinige resolution eine groß gnadt geschehen thätte, indem sonsten die lährstehente Judenhäuser nach vnd nach einfallen vnd den Schaden größer machen wurden. Welchem nach die Hoffcamer dafür hielte, Ew. k. Mayestät möchten sich noch vor dero abraiß von hier hierüber gnädigst resolviren, damit in der abwesenheit wegen des quantipecuniarn vnd desselben erlag wie auch wegen der Anzahl der Juden so nacher Wien kommen, wo selbige wohnen solten, vnd was deme soustes anhangig tractirt alles in rechte Ordnung gesetzet vnd Ew. Mayestät zu dero entlichen gnädigsten entschluß vorgetragen werden könnte. Jedoch x. x."

Hierauf bemerkt der Kaiser wieder eigenhändig:

„Was das theologicum anlangt, were zu wissen, wer selbige theologi gewest. Das politicum mues wohl confiderirt werden. Das camerale ist ohnedies klar, weilen es aber noch keine so große Eille hat, so kann man es besser bedenkhen,

Leopoldt."

Am 28. Feber 1675 kam endlich der Compromiß zu Stande Die „Judt möchtige" (die Bevollmächtigten der Juden) welche in Wien anwesend waren, erklärten es als wünschenswerth, daß die vertriebenen Juden wieder nach Wien zurückkehren und zwar unter folgenden Bedingungen:

1. Die Juden in Wien zahlen wie früher jährlich fl. 10.000 und die auf dem Lande 4000 fl. Steuer.

2. Es sollen nicht so viel Juden wie früher in Wien wohnen.

3. Die zurückkehrenden Juden zahlen für die Wiederaufnahme 300,000 fl. in die Staatscassa und zwar nach vier Monaten die erste Rate mit 100,000 fl., die übrigen 200,000 fl. in fünf Jahresraten zu 40,000 fl. und bezahlen sie überdies die Interessen dieses schuldenden Capitals und zwar sieben Jahre lang je 10,000 fl.

4. Kein Jude darf neuerdings in Wien aufgenommen werden, ohne die Bewilligung der heimischen Juden.

5. Auch keine Herrschaft auf dem Lande soll fremde Juden ohne Einwilligung der Wiener Juden aufnehmen dürfen, damit kein „Unterschliff" geschehe.

Am 13. März 1675 wurden diese Vorschläge der Bevollmächtigten von Seite der ehemaligen Wiener Juden, die sich damals zu Nicolsburg befanden, als zu Recht bestehend, für sie verbindend und verpflichtend anerkannt. Das Document unterfertigt in Nicolsburg unter obigem Datum trägt die Unterschriften: Marx Schlesinger, Herz Coma, Wolf Salomon, Hirschl Austerlitz, Salman Außspitz, Simon Hirschel *).

Die Regierung betrachtete diese Punctationen als Wünsche der Juden. Sie genehmigte die Summa von 300,000 fl. für den Wiedereintritt und behielt sich die Regelung der andern Verhältnisse vor. Die niederösterreichischen Stände verzichteten auf das Recht, daß ferner Juden sich auf dem Lande in Niederösterreich aufhalten, für das Privilegium, daß es den Juden verboten wurde, Herrschaften in Nieder-Oesterreich anzukaufen.

Bald hernach kehrten einige der vertriebenen jüdischen Familien wieder nach Wien zurück, denen sich fremde zugesellten. Es waren jetzt die Verhältnisse anders und schlechter als früher und werden

---

*) Die Unterschriften sind in hebräischer Cursivschrift und neben denselben befinden sich von fremder Hand die deutschen Namen beigesetzt. Wir setzen die Originalunterschriften, so weit wir sie lesen konnten, hieher:

איך מרקוס שלעזינגער יוד
הצעיר נפתלי הירש לוי קאמן
שלמה זל'
צבי בן המנוה מהר' אהרן סגל מאוסטרלייז

Schlesinger führte auch den Beinamen: Margaliot Jafe. Wir haben in unserem: „das hundertjährige Jubiläum der israel. Cultusgemeinde in Wien" bereits darauf hingewiesen, daß zur Zeit der Ausweisung kein Jude in Wien bleiben durfte und die Annahme als hätte Schlesinger eine Ausnahme davon gemacht, irrthümlich sei. Wenn es dafür noch eines Beweises bedürfte, so liegt er darin, daß Marx Schlesinger diese Punctationen in Nikolsburg unterschrieb, wo er eben sein Domicil genommen hatte.

Der als practischer Arzt in weiten Kreisen vortrefflich bekannte Dr. Hermann Schlesinger in Wien, ein Nachkomme jenes Marx Schlesinger, besitzt ein Oelgemälde, eine Copie eines Aquarellegemäldes seines Ahns. — Herr S. G. Stern meint, daß die Grabschrift Nr. 480, die des Oberfactors Marx Schlesinger sei, welcher zur Zeit der Auswanderung in Wien lebte, und hält auch diese Ansicht in einem Aufsatze, den er in dem eben erschienenen hebr. Jahrbuche „Bikurim," von R. Keller veröffentlichte, aufrecht. Das Sterbejahr 1755, zeigt jedoch sofort die Unrichtigkeit dieser Annahme, sonst wäre jener Schlesinger weit über hundert Jahre alt geworden. Wahrscheinlich bezeichnet der Grabstein die Ruhestätte seines Enkels, eines Sohnes des Wolf Schlesinger, (s. meine Judentaufen 192).

Naftali Hirsch (Herz) Coma, war zur Zeit der Ausweisung der Juden Rabbinatsossessor (Dajan) in Wien. Ein Knabe desselben, ein Wunderkind auf jüdischem religionswissenschaftlichen Gebiete, starb zehn Jahre alt in Wien 1666. (S. Inschriften Nr. 309).

wir die Gelegenheit haben, diesen Gegenstand an einem geeigneten Orte auseinanderzusetzen.

Wir wären mit der Aufgabe, die wir uns gestellt haben, zu Ende. Wir haben den Lesern die „triumphirende Unschuld" gezeigt und erzählt, daß die Juden, die viel verlästerten und verunglimpften nach kaum einem halben Jahrzehnt der Entfernung wieder in Wien lebten. Es gibt dies den unwiderleglichsten Beweis, daß die Beschuldigungen, wie sie gegen die Juden vorgebracht wurden, gänzlich aus der Luft gegriffen waren; sonst hätte man wohl Anstand genommen, eine derartige Rotte von Verbrechern wieder aufzunehmen. Wir müssen aber noch dem Leser das „bestrafte Laster" vorführen.

Wie wir bereits bemerkten, übernahmen es die Bürger, die Steuern der Juden, im Ganzen 14.000 fl, zu bezahlen. Die Kurzsichtigkeit auf nationalökonomischem Gebiete rächte sich bald und die Bürger waren außer Stande für sich die Steuer zu zahlen, geschweige denn die für die Juden. Der Staat jedoch wollte und konnte nicht auf diese Einnahmen verzichten und der Magistrat wurde „compellirt" die eingegangene Verpflichtung zu halten. Auf wiederholte Bitten und nachdem mährische Juden für die Gewährung des Besuches der Jahrmärkte zu Krems, Laa, Röß, Mistelbach 2c. — womit die niederösterr. Stände einverstanden waren — 2000 fl. jährlich zahlten, wurden dem wiener Magistrate 4000 fl. von obiger Summe nachgelassen. 10,000 fl. waren aber immer noch viel Geld und der Magistrat wollte dieselben um so weniger zahlen, da inzwischen einzelnweise immer mehr jüdische Familien nach Wien zogen und die Ursache, weshalb er diese Steuer zahlte, weggefallen war. Der Magistrat betrat endlich den Rechtsweg, da kam es im Jahre 1706 zu einem Vergleiche, der Magistrat zahlte nämlich von nun an jährlich 6,000 fl. Judenabzugsgelder. Erst nach einem Jahrhundert, im Jahre 1815, nachdem längst wieder Juden in Wien wohnten, und dieselben bereits ein Bethaus, Spital 2c. hatten, wurde der Magistrat von dieser Taxe befreit. Doch wir wollen darüber zur klareren Uebersicht einen Auszug aus dem Vortrage der Hofcanzlei an den Kaiser über diesen Gegenstand geben. (Aus demselben geht zugleich hervor, warum die Juden vertrieben wurden.) Die Hofkanzlei die früher das Wort gegen die Juden genommen hatte, spricht nun für sie. Aus dem Ankläger wurde ein Vertheidiger.

, ... Bis zu dem J. 1670 waren die Juden in Wien und ganz N.Oe. geduldet vnd hatten sonst den ganzen Handel an sich gerissen. Für diese Duldung mußten die Juden der Stadt Wien ein Toleranzgeld von 10.000 fl. an das oberste Proviantamt zur Verpflegung der Stadtquartiere und Verproviantirung der ung. Grenze abführen und die Landjuden eine Summa von 4000 fl. an das Vicedomamt bezahlen.

In dem bezeichneten Jahre wurden sämmtliche Juden theils aus Religionshaß, theils um den Wiener Bürgern die ihnen durch die Juden entrissenen Handelsvortheile wieder zuzuwenden aus N.Oe. und Wien verbannt und der hiesige Magistrat übernahm es, die von denselben bisher abgeführten Toleranzgelder gegen dem zu bezahlen, daß zu ewigen Zeiten kein Jude in gemeiner Stadt Burgfriede zu handeln, zu wohnen und sich haussäßig niederzulassen befugt sein solle.

Bald darauf wurde dem Magistrate die Entrichtung der für die Landjuden gezahlten Toleranzgelder von 4000 fl. nachgesehen.

Da aber ungeachtet jenes Vertrages dennoch nach und nach wieder mehreren Juden gestattet wurde in dem Burgfrieden der Stadt zu handeln re., so beschwerte sich der Magistrat darüber und verlangte die Enthebung von der Entrichtung des Toleranzgeldes. Allein die Finanzen gestatteten die gänzliche Nachsicht desselben nicht und es wurde demnach im Jahre 1684 anbefohlen zu versuchen ob nicht dasselbe auf jene Handelsleute aufgelegt werden könne, welche durch die Abschaffung der Juden gewonnen.

Als jedoch im Jahre 1704 noch keine Abhilfe geschafft war. erhob der Magistrat eine ordentliche Rechtsklage, welche endlich durch Hofdecret vom 7. Nov. 1706 dahin entschieden wurde, daß der Magistrat freiwillig ein Pauschale von 6000 fl. jährlich unter der Bedingung übernahm, daß keine andern Juden als welche mit Hofcanzleipässen versehen sind, allhier eingelassen und geduldet werden sollen.

Dies ist die Entstehung des bestehenden Toleranzgeldes von 6000 fl.

Allein durch die Judenordnungen vom Jahre 1764 und 1782 wurden alle inländischen Juden wieder berechtigt gegen die von der n. ö. Regierung erhaltenen Bewilligung wieder frei nach Wien zu kommen und die wieder eingelassenen Juden müssen für diese Bewilligung ein Schutz- oder Toleranzgeld unmittelbar an das höchste Aerar entrichten.

Der hiesige Magistrat glaubte daher im J. 1810 mit Recht die Enthebung von der Entrichtung des Toleranzgeldes ansprechen zu können 2c."

Die allerhöchste Entschließung hierauf lautete:

„Ich will den Magistrat von der Entrichtung der Juden-„Toleranzgelder für die Zukunft entheben und haben die Finanzen auf „eine Entschädigung für den Entgang derselben keinen Anspruch zu machen.

„Wien 27. Aug. 1815.

Auf ausdrücklichen Befehl Seiner Majestät
Rainer."

Wenn wir auf die traurige jammervolle Zeit, die wir geschildert zurückblicken, und die heutigen Verhältnisse der Juden zur Bürgerschaft der Residenz betrachten, so scheint es, als hätten wir einen schweren, trüben Traum geträumt, aus welchen wir nun erwacht sind. In Friede und Freundschaft leben jüdische und christliche Familien und der Gemeinderath der Residenz steht an der Spitze, wenn es gilt, für das Princip der Gleichberechtigung einzutreten und wiederholentlich hat er den Beweis geliefert, daß er keinen Unterschied der Confession kennt. Es freuet uns zu bemerken, daß diese liberale Strömung nicht erst ein Product der neuesten Zeit ist. Schon vor dem Jahre 1848 als die Judenfrage bei den Behörden verhandelt wurde, gab der damalige Magistrat (Bürgermeister Ritter v. Czapka) ein Gutachten ab, welches, die damaligen Verhältnisse in Anschlag gebracht, freisinnig genannt werden kann. Als der Minister Bach im Jahre 1853 mehrere Fragen den Statthaltern und auch dem Wiener Magistrate zur Lösung der Judenfrage vorlegte, äußerte sich letzterer (Bürgermeister Freiherr v. Seiller) günstig für die Juden; bloß in Beziehung auf die Zulassung derselben zu Aemtern lautete das Gutachten abschlägig.*) Zur Zeit als die Reaction

---

*) Es ist bekannt, daß kein Gesetz besteht, welches die Juden ausschließen würde Beamte zu werden; aber wenn Beamte über diese Frage ein Gutachten abgeben, so bietet die Sache Schwierigkeiten, weil das Urtheil von der betheiligten Partei ausgehend, kein unbefangenes ist. Es gibt wohl vorurtheilsfreie Menschen, wackere Männer, die unter allen Bedingungen für ihre Ueberzeugung einstehen; — aber diese sind eben nicht zu oft zu finden, und öfters wächst der

in Oesterreich in üppiger Blüthe war, nachdem die Verfassung vom
März 1849 aufgehoben wurde und die Magistrate verschiedener Städte
und Städtchen die Juden nicht als Bürger aufnehmen wollten, *) hat
der Wiener Gemeinderath nach wie vor den Juden das Bürgerrecht
verliehen und war es Herr v. Stubenrauch, der in der Sitzung, in
welcher über diesen Gegenstand verhandelt wurde, am 23. Juni 1852,
in energischer Weise für das Recht der Juden sprach.

Wenn wir die Schilderung vergangener Zeiten gegeben haben,
so wollten wir eben bloß eine wissenschaftliche Aufgabe, die wir uns
gestellt, lösen, und wir sind bei dem Gedanken erfreut, daß jene Zeiten
heute wie ein schwerer Traum erscheinen. Möge der schöne Morgen
der Gleichberechtigung, der am Himmel der österreichischen Staatsbürger
aufgegangen, wolkenlos und ungetrübt sich zum hellen lichten Tage der
Freiheit und Brüderlichkeit gestalten und segenbringend für alle Bewohner sein.

Mensch mit Vorurtheilen heran, oder eignet er sich dieselben an, ohne daran zu
denken, daß er eben Vorurtheile hat. Es mag bei dieser Gelegenheit bemerkt
werden, daß, als in den Märztagen des Jahres 1848 die Gleichberechtigung der
Staatsbürger ausgesprochen wurde, die ehrsame Schusterzunft in Wien dagegen
petitionirte. Sie berief sich auf ihre Rechte und Privilegien 2c., sie wollte den
Juden alles gönnen, nur nicht, daß sie den „Wandel der Menschen verbessern.“

*) Nicht uninteressant ist die Entscheidung des ehemaligen Ministers des
Innern, Freiherrn von Bach, vom 7. Nov. 1852, als man einem Juden das Staatsbürgerrecht versagen wollte. Derselbe schrieb: „Da die nur für einen speciellen
Gegenstand, die Besitzfähigkeit, erlassene k. Verordnung vom 2. October nicht ohne
allerhöchste Ermächtigung über ihren Tenor ausgedehnt werden kann, so sehe ich
kein Hinderniß an der Ertheilung der hier angesuchten Bewilligung.“

Verzeichniß der Besteuerten.

	Rthl.	k.
R. Abraham v. Austerlitz *)	20	—
Leb Probst	5	—
Joseph Schneiß	4	—
Mortocheuß Goldschmidt	8	—
Isak des David Sohn	9	—
Moyses Goldtschmidt	12	—
Beer Mahr	17	—
Israel Wolff	16	—
Aron Salomon Sohn	9	—
Die Fränkhel Wittib	8	—
Isak Jacob	24	—
Isak, Jacob Mayern Aidten	4	2
Der Fränkhlin Aidten	2	2
Der alte Mahr	1	—
Kopel Salomon Wolffs Aidten	9	—
David Polack, Veith Munkhens Aidten	7	—
Moyses Munkh	2	—
Wolff, Israel Wolff Sohn	2	2
Jacob Benisch	4	—
Sambson David Sohn	2	2
Der David Elteste	13	—
Jacob Salomon Sohn	1	2
Der Laßeruß	4	—
Sambson	1	2
Gerstl Judt	1	2

*) Mit dem Beinamen der Fromme. gest. 1627. (S. Inschriften Nr. 65.)

	Rthl.	d.
Josua Geschenun	4	2
R. Josef, Veit Munkhen Befreundt	—	2
Leue Pinc (?)	—	2
Michael Schlesing, Veit Munkhen Aidten	42	—
Salomon Wolf	30	—
Schächer Leuiteß	12	—
R. Gerjuni	13	2
Abr. Rieß, Veit Munkhen Aidten	4	—
Veit Munken samt seiner Schwieger	4	—
Veit Munken der Jüngere	3	—
Veit Lew Lueruß Aidten	3	—
Simon Munkh	4	2
Aron Dr., Veit Munkhens Aidten	1	—
Des Verstorbenen Copel Waise	6	—
Simon Wendl	1	—
Israel Munkh	1	—
Isac, Israel Wolff Sohn	1	2
Isac Wendl	1	2
Samuel Worauia (?)	—	2
Zusammen	323	2

Moyses Jeremias Gerstl.
Israel Wolff Auerpach.
Abraham Rieß.

Diese drey Verordnete deputierte von der ganzen Jüdtischen gemein haben disen Anschlag gemacht auß Consens vnd Verwiligung der ganzen Jüdtischen gemein Auff ihren höchst Jüdtischen Aidt bey den zehen Gebotten, mit ihren Aigenen handten Vnterschrieben vnd ist in Vnser beidten schuel offentlich außgesagt werden am Erchtag den Andern Novembris 1614.*)

————————

*) Anmerkung. Ueber Eidesleistungen der Juden in Oesterreich. Vergl. unser: „Isak Noa Mannheimer, eine biographische Skizze."

Beilage II. (Zu S. 12.)

Allerdurchlauchtigster ꝛc. Römischer Khayser

„Allergenedigster Herr. Ew k. M. werden sich allergnedigst erindern waß maßen wir arme Ellende Leith mehrmahls vnsere höchste
Notth vndt Armuth In denen wir an Jezo zum thüffesten ligen an
dieselbe allerunterthenigst supplicando gebracht, Sy vmb allergößte Hilff
allergehorsambst angeruffen vndt solche jeder Zeidt gefunden. Nun
wißen Ew k. M. anjezo allergößt, daß wir dise Zeith herum große
ausgaben haben machen müssen, seytemahl wir vmb den Jenigen Plaz
allein darein wir auß Ew k. M. allergößten Befelch zu zihen in
Werkh, vber ettliche 30,000 fl. erkhaufft, vndt müssen noch darzu
ein Rinckhmauer zu vnserer vndt der vnserigen mehrerer nottwendiger
Vorsehung aufführen vndt Jedweder auß vnß auß gedrungener Notth
etwaß fürohin aufbauen damit Er mit den seinigen Vnterkhomen möge.
Dahero wir sambt vndt sondern außgesaigerte Arme Leuth In ein
mächtigen schuldenlast gerathen vndt darin also steckhen daß wir nit
wißen, wie wir ohne sonderbare Mitthl darauß khomen werden. In
allergößte Erwegung, daß vns ohnedaß In disem Jezigen schweren
Zeithen, die halbe nahrung thuet entgehen Indem wir teglich fruh
vndt vor dem Abenth vnd also zu dem wenigsten Zwey mal in die
Statt herein vnd hinauß in Vnsere Wohnung zu gehen haben. Die
weil wir den khein Grund vndt Boden nit haben auch khein andere
Handthierung zu treiben wißen, mit welcher wir vnß vndt die Vnserigen ernähren könten, alß daß wir mit Vnseren Vorigen schlechten
vnd geringen Handlung vmbgehen, derentwegen hin vndt her In vnd
außen dises Landts zu einkhauffung vnd herbeybringung der wahren reisen darbey leib vnd leben Ja daß Gelt vnd die wahren selbst
wagen vnd die gefahr auffstehen vnd daß wenig geltl, so etwan ein
oder der ander auß vnß anheimbst hat auf Pfandt gegen Jüdischen
Interesse außgleichen müßen; wie auch...vnß geholfen werde (ob. S. 14)
So bitten Ew. k. M. wir allerunterthst Sy wollen vnß allergößt an-
hören vnd verwilligen, daß wir nit allein außer der Statt In Vnsern
wohnungen, sondern auch in dieser Statt Jedoch nit auf offenem
Platze, sondern allein in diesem Reuier In deme Wir dise Zeith herumb gewohnt haben Vnser offenes gewerb vnd Handthierung nur bey
tag fürohin vnnerhindert menigliches also threiben mögen, wie wir es

bishero allhier getriben haben vnbt die vnserigen in anderen Ew k. M. Landten vnbt derselben Stetten alß in Beheimb zu Prag vnd in anderen frembden Khönigreichen vnd Fürstenthümern thuen schreiben. In gleichen da vnser einer oder der andere In anderen Steten, Märkhten, Fleckhen oder Dörffern dises laudts, die wochentliche oder andere offentliche Markhtagen mit seiner Handlung besuchen wolle, Darauff mit gewicht, maß vnd Stab khauffen vnd verkhauffen wir dan auch, da ein oder das ander so doch deren wenig seyn werden, ein schlechtes als Schneider, Khürschnerhandwerth, etwan ergriffen hatte, solches was Er hat etwa ergriffen, draußen In dem Revier allhier alda wir jetzo wohnen Vnuerhindert menigleiches threiben wie nit weniger der auß Vns etwan ein geltl durch sein Handlung oder Erbschafft überkhomen wurde dasselb auf Pfandt gegen Jüdischen Interesse, wie bißher beschehen, außleichen, das Pfand aber nit lenger alß ein Jahr halten alsdan solches bey Vnseren genedigen hochen Obrigkheit anzeigen, schetzen vnd verkhauffen lassen vnbt jedweder das seinig, so Jene herum gebührt darvon nemen mögen, Vnbt den In Ew k. M. Khönigreichen vnd Länder allenthalben zu wasser vnbt zu sandt für vnsere Personen vnd wahren nit mehrere Mauth denn die khristen Pflegen zu reichen schuldig sein sollen. Den da Ew k. M. vnß hierin allergdst nit helffen wolten hätten wir nichts worvon wir vnß mit den Vnserigen ernehren vnbt leben, viel weniger Vnsern Credit halten vnbt vnser creditores bezallen thonten, hierüber Ew k. M. thun wir vnß zu dero Allergdsten hulden vnbt khaysl. Gnaden allerunterthenigst gehorsambst Entfehlen

       Ew k. M.

alleruntherthenigst gehorsambst
R. dero hoffjudenschafft allhier.

(Beilage III zu S. 19).

Allergnädigster Herr! Ew k. M. khönnen wir allergehorsambst nit bergen, daß demnach dieselbe Vnß allergnädigst auferlegt Jährlich

eine gewiſſe geltscontribution zu raichen, wie ... Verhindernuß (S. ob.
S. 19) gebüret dahero Ew. k. M. allergnädigſt zu erachten, daß wir
ſo wol zu jetzterzelten ende, als auch wan ſich andere Vngelegenheiten
zutragen möchten, für vnſere verwohnte einer abſonderlichen Arreſtſtuben
hoch von nötten haben. So gelanget an Ew k. M. vnſer allerunter-
thänigſt ſuppliciren Sy wollen, weil ſolches Inſonderheit zu fürder-
licher entrichtung obangedeuter Jährlicher Contribution gereichet derentwegen allergnädigſt verwilligen, daß wir wie vnſere Verwante zu Prag
und anderer Orthen ebenermaſſen zu Wien in vnſer Revier dergleichen
Arreſtſtuben für vnſere Verwohnte aufrichten und dadurch meniglich
auß vnß in gehorſamb erhalten möchten.

Hierüber Ew k. M. zu der allergnädigſten Hulden thuen wir
vnß allergnädigſt empfehlen

Ew k. M.

allernunterthänigſt gehorſambſt
die befreite Hofjudenſchafft zu Wien.

Beilage IV (zu S. 19).

Allergnädigſter Herr Ew k. M. ſollen wir allervnterthänigſt nit
verhalten, waß maſſen dieſelben vns allergnädigſt haben anbefehlen
laſſen, daß wir alle in dieſem Landt wohnenden Juden zu vns ziehen
vndt vns mit Inen einer Ratae halber vergleichen ſollen, damit Ew.
k. M. wir jährlich 10.000 fl. alß eine gewiſſe Contribution reichen
möchten, wiewol wir nun zu allergehorſamſter Vollziehung dieſes allergnädigſten Befehls nach beſchehenen Fürhalt deſſelben vns mit dieſen
Juden angeregter Ratae halber, vergleichen und damit dieſem Vergleich
nachgelebt und Ew k. M. angedeite 10.000 fl. Jährlich ſicherlich geraicht werden, dieſelben vnß ein Patent an alle Nachgeſetzte Obrigkeiten
noch vor dieſem allergnädigſt ertheilt haben. So thuen doch nit allein
theilß diſer an vnterſchiblichen orthen in dieſen Landt wohnenden Juden
ſich nach und nach Ihre verglichene Ratae zu raichen verwaigern und

durch Jre Obrigkeit hierzu fürschub und Hülff suchen, sondern auch theilß allhier sitzende Juden beginnen sich hierin gleichfallß widerwärtig zu erzeigen. In gleichem thuen sich fremde Juden allhier nit bey vnß, sondern in den Christenhäusern aufhalten, Vnß an vnserer Nahrung daß liebe Broth vor dem Maul abschneiden und durch diesen Jren aufenthalt wan sich vngelegenheiten allda Errägen vnß also bey Herren und gemainen Personen in Verdacht setzen, samb (?) wir diesem fremden Juden hierzu allerhandt mitthl selbst an die Hand geben thetten vndt wann schon wir so woll bemerkt widerwärttige Juden welche Jre Rata zu obberuerter Contribution raichen sollten, Mit vnsern jüdischen Ceremonien, In vnserer jüdischen Synagoge anhier zu Laistung Jreß gehorsambs wahren, alß auch ernannte fremde Juden zum Abzug ermahnen und gar deß allhiesigen Herrn Burgermeisterß verordnung bei den christen die Beherbergung und Aufhaltung dieser frembden Juden Einsagen und abstellen lassen, Nichtsdestoweniger wir bei Inländischen Vnserer Glaubensverwanten die verglichene Accomodation nicht finden noch Erlangen kennen vndt waß die außländische oder fremde Juden belanget, dieselben sich von Jren gehabten wirthen zu andern Christen in Jre Heußer begeben und dergestalt vnß zu mehreren Truß Jren Vnterschleiff und Aufenthalt finden und gewinnen. Wen dann vnß höchst bekümmerlich fürfallet, daß wir zu solcher beschwerlichen Widerwertigkei vnserer Glaubensgenossen selbst stillschweigen und Ihrenthalben bey Ew. k. M. und Meniglichen in Vnverschulten Verdacht gerathen und deren Entgelten sollen wir auch sonsten khein aigen gefenknuß haben, darein wir vnsere Glaubensgenossen, so vngehorsamb sich erzeigen zihen und dardurch diselben zu gebührenden gehorsamb bringen khonten vnß ganz vnthunlich sein will. In dieser vnd dergleichen Civilsachen aller Weeg die h. Obrigkeit vmb Einsehen, Hilff und Handthabung anzurueffen und zu behelligen hergegen vnsere allergehorsamste Bitte nichts anders alß die allergnädigiste Zulassung Eines Zimmers in Vnsern Revier zu Einer sichern Verwahrung und gefenknuß derjenigen Juden concerniret, welche sich in anberaumte und andere dgl. Civilsachen widerwärtig verhalten, dann auf solche Vnsere Bitt zu kheinen andern Ende angesehen denn, daß die hoche Obrigkheit in diesen Civilsachen nit allweg behelligt werde und mit Inmittls offtmahls andere Vngelegenheiten sich zutragen möchten, dardurch dan wir bey meniglichen In noch mehrereß Argwohn khommen würden, So bitten E. k. M. wir allerunterthänigst

Sy wöllen Buß bey obangeregten Patent allergdst handhaben und damit wir Vnsere Mitverwohnten, so sich in obbestimmbter vndt andere dgl. Jedoch allein Civilsachen verners widerwertig erzeugen solten zu gebührenden gehorsamb widerumb bringen khönten, derentwegen in diesen Vnser Revier alhier Inmassen zu Prag der gemeinen Judenschafft zugelassen wirdt Ein Civilcarcerum auß k. und landtfürstl. Vollkommenheit verwilligen, damit so woll Ew. k. M. die Järliche Contribution ordentlich gereicht, alß auch wegen der frembden Juden allerhand Vngelegenheiten zeitlich vorgebaut und wir alles bösen Argwohns und Verdachts, so wir Irenthalben sonst leiden müsten Entübrigt und Entladen und die h. Obrigkhait sonderlich Ew. k. M. Obristen Herrn Hoffmarschalls dahin wir gehörig hierumben vnangelassener und vnbehelligter gelassen werden möchte. Darüber Ew. k. M. vnß alleruntterthänigst gehorsamist empfehlen

    Ew k. M.

           alleruntterthänigst gehorsambst
           die Eltsten und Judenrichter alhier

Beilage V zu S. 29.

Von der röm. khayf. auch zu Hungarn in Böhaimb königl, 'c. Erzherzogen zu Oesterreich Vnsers allergnädigsten Herrn wegen durch die nö. Regierung denen von Wien hiemit anzuzaig. Demnach bey höchsternennt Iro kay. M. sich die allhierige gesambte Judenschaft wider die von Wien gehorsambst beschwerth, daß von dorth auß einem zwischen Ihnen von Wien und den Juden, wegen der ordinary nnd extraordinary Steuer und gaben von denen Ihnen Juden in dem Vndtern Wörth vor der Schlagbruggen allhier eingeraumbten Christenhäusern, Stäbeln vnd Gärtten nach anno 1626 aufgerichten Bertrag vnd Ihr den Inden hernach erlangten kayf. Freiheit zuwider Vndterschidtlich neue Anschläg zu der alhirigen Fortification, Schantzen und sonst Insönderheith, aber Jüngstlich zu Außleßung der von Feindt in Irer Mt.

Erblanden noch inhabenden Pläz vnd Bestungen eiue gewiße quota nach Anzahl vnd proportion Ihr der Judenheußer vnd grundstuckh begerth vnd eingefordert auch derentwegen wie die Juden durch Sie von Wien vnder deren Jurisdiction vnd Instanz sie doch gar nit gehörig waren, die militärische Execution mit Spärnng Irer Heußer vnd Sinagoge vorgenomben worden währe.

Vnd von Ire I. M. Vber diese den Juden angebrachte Beschwähr auch Sie von Wien mit Irem Bericht vernomben, darauß dieselbe sowohl auß denen durch die Juden selbst producirten Notturfften allergnädigst befunden, daß die von Wien in den obangeregten Zwischen Inen vnd den Juden anno 1626 aufgerichten Contract Inen über den Platzgrundt der Heußer, welche Sie denen Juden an bedeuten Orth eingeraumbt, sowohl des allhierigen Burgspitalsgrundtrecht vnd Potmäßigkheit, alß auch gemainer Statt darauf haben. Jurisdiction per expressum vorbehalten auch bis auher in Steuer vnd Contributionssachen vngehindert exercirt haben. Vnd obzwahr sich die Juden wegen der jährlichen ordinarÿ vnd extraordinarÿ Steuer, wie auch wegen Irer grundrechtsgeföll von Iren Heußern and grünbten auf eine gewiße Summa Nemblichen Iedes Iahr eintausend Gulden zu reichen vnd zu geben, vereinigt vnd verglichen. In solchen Vergleich aber expresse bedingt vnd ausgenomben war eigends ein neuer vngewöhnlicher Anschlag, alß Leibsteuer, Rauch fang gelbt oder dergl. vnverhofft Exactionen auß erhaischender Notturfft des allgemeinen Wesens begerth vnd angelegt werde, daß dieselben vndter denen verstandener maßen accordirten eintausend Gulden nit solten verstanden vnd begriffen sein.

Weillen dann solcher Contract in den von denen Juden angezogenen privilegio kheinesswegs aufgehebt, sondern villmehr darinen expresse reassumirt gesehen werdet. Vnd dahero Sie von Wien in Crafft Irer allda in den vntern Wörth gehabte vnd durch solchen Contract ferners vorbehaltenen Jurisdiction vnd grundobrigkheith dgl. Neue vnd Vngewöhnliche Extraordinarÿ anlagen ohne Vnderschiedt, wie von den Christen alß Inhaber der heuser also auch von den Juden, wegen Ihrer von dieser Statt Inhabend heußer, grundt vndt bodens rechtmäßig einfordern, vnd auf selbige heußer anschlagen mögen, zumahlen dgl. Vnverhofft vnd Neue anlagen Vndter denen accordirten

eintaufend Gulden wie oben gemeldet, nit begriffen fomit davon ausgenomben.

Als haben allerhöchft gedacht Jre k. M. fich Vndter dato 27. Junÿ
negfthin allergnädigft refolvirt, vndt laffen es bei folchen deren von
Wien in dgl. Steuer vnd Contributionsfachen Vber die heußer vnd
grundftukh vorbehaltenen Jurisbiction allerbings verbleiben. Möchten die-
felben auch diß Orths Jnen von Wien die gebräuchlichen Executions-
Mitl zu einbringung folcher neuen Anlagen nit fpären oder hindern
laffen khundten bevorab weillen folche Executionsmitl vnd zwar die
militärifche, auch wider die Chriften alß Jnhaber, die bürgl. Häufer
fie feien weß Standts oder würden fie Jmmer wollen, ohne Vnter-
fchiedt auch ohne anderswertiges Difputat, durch die von Wien Vorgenomben werden, vnd in den Juden habenden privilegio clärlich vor-
gefehen, daß Sie dießfahls denen Chriften gleichgehalten, vnd von denen
Jnen eingeraumbten heußer, Stäbeln und Gärten nit weniger zu geben
fchuldig fein follen, alß waß hievon felbigen orthen gewohnte Chriften
geraicht haben.

Demnach aber die von Wien wegen der jüngft auf bic bürgerlichen heußer fowohl Jnn als vor der Statt alhier neu gemachten
Anlag zu außlebigung bebeuter Platz vnb Veftung auch denen Juden
wegen Jrer Heußer vnd grundftukh in fpecie dreitaufend Gulben an-
gefchlagen, die Juden aber berentwegen allbereith Jrer k. M. 10.000 fl.
in deren Hofzahlamt erlegt haben.

Alß laffen es mehrallerhöchft ernennt Jrer k. M. beÿ denen waß
fie allbereith nach hoff gegeben für dießmahl allergnädigft bewenben,
und wollen daß diefer neugemachten Anlag halber, durch bic von Wien
weiter nichts an bic Juden geforbert hingegen aber Jnen von Wien
an denen zu Außlebigung bemelter Plötz vnb Satisfaction der Schweden
von diefer Statt begehrten 300.000 Gulden, fowie Sie von Wien
jezo von denen Juden begehrt nachgelaffen, vnd alfo aines mit dem
andern aufgehebt werde, Jedoch daß diefes gegen Die von Wien wegen
anderen etwa noch ferneres Vorkhombenden neuen Anlagen zu kheinem
Exempel einer nachtheiligen Confequenz gezogen werden folle. . . .

Aetum, Wien, 5. Julÿ 1649.

Beilage VI (zu S. 34).

Verzeichniß der angesessenen Juden im Land, 1652*).

			fl. kr.		fl. kr. Pf.		Summa fl. kr.	fl. kr.
Weidhofen	18	Familien	30.**)	Anlage à	—. 6 —	=	48.12	78.12
Langenlois	12	„	20.—	„	2.— —	=	964.—	984.—
Weitterfeld	20	„	33.20	„	—.15 —	=	120.30	153.50
Stroblrof	6	„	10.—	„	—. 6 2	=	52.13	62.13
Straß	3	„	5. —	„	—. 6 2	=	52.18	57.13
Haizendorf Grauenwerth }	11	„	18.20	„	—.14 —	=	112.28	130.48
Reunaugen	3	„	5.—	„	—. 2 2	=	20. 5	25. 5
Weßtorff	2	„	8.20	„	—.— 2	=	4. 1	7. 1
Windsteig	3	„	5.—	„	—. 3 —	=	24. 6	29. 6
Burg-Schleiniß	2	„	3.20	„	—. 1 2	=	12. 3	15.23
Einzendorf	8	„	13.20	„	—. 8 —	=	64.16	77.36
Schmida	5	„	8.20	„	—. 5 —	=	40.10	48.30
Abstorff	6	„	10.—	„	—. 2 —	=	16. 4	26. 4
Hagenau	6	„	10.—	„	—. 1 2	=	12. 3	22. 3
Mayen	6	„	10.—	„	—. 3 —	=	24.—	34.—
Schweinburg	16	„	26.40	„	—. 6 —	=	48.12	74.52
Pockfluß	16	.	26.40	„	—.12 2	=	100.25	127. 5
Marchegg	16	„	26.40	„	—. 9 —	=	72 18	98.58
Michaelstetten	6	„	10.—	„	—. 5 —	=	40.10	50.10
Velbspurg	9	„	15.—	„	—. 6 —	=	48.12	63.12
Achau	18	„	30.—	„	—. 5 —	=	40.10	70.10
Haindorf	4	„	6.40	„	—. 1 —	=	8. 2	14.42
Soffern	2	„	3.20	„	—. 3 2	=	28. 6	31.26
Bellabrunn	3	„	5.—	„	—. 1 —	=	8.—	13. 2
Etazendorf	7	„	11.40	„	—. 5 1	=	40.10	51.40
Haugstorff	6	„	10.—	„	—. 6 —	=	48.12	58.12
Zwölffaxing	20	„	33.20	„	—.16 2	=	132.33	165.53
Rainerstorff	8	„	13.20	„	—. 3 2	=	28. 7	42.27
Walterstorff	10	„	16.40	„	—. 8 —	=	64.16	80.56
Hainreich	5	„	8.20	„	—. 9 —	=	72.18	80.38
Schrättenthal	1	„	1.40	„	—. 3 —	=	28. 7	29.47
Nußdorf	2	„	3.20	„	—. 3 —	=	26. 6	27.26
Mauthern	2	„	3.20	„	—. 8 —	=	64.16	67.36

*) In der „Neuzeit" 1862. S. 38 gaben wir die Orte in Niederösterreich an, wo sich jetzt Juden angesiedelt haben.

**) Diese Summe ist für die Steuer des Kopfgeldes à 1 fl. 40 kr.

		fl. kr.		fl. kr. Pf.		fl. kr.	Summa fl. kr.
Schönbüchel	2 Familien	3.20	Anlage à	—. 1 — =		8. 2	11.22
Weitenegg	1 „	1.40	„	—. 5 2 =		44.11	45.51
„	1 „	1.40	„	—. 1 2 =		12. 3	13.43
Spitz	5 „	8.20	„	—.10 — =		80.20	88.40
Stain	1 „	1.40	„	—. 7 2 =		60.15	61.35
Gänzwaid	2 „	3.20	„	—. 1 — =		8. 2	11.22
Hollabrunn	5 „	8.20	„	—. 3 — =		26. 6	32.26
Tribuswinkel	8 „	13.20	„	—. 2 — =		16. 4	29.24
Eberfurth	24 „	40. —	„	—.24 — =		192.48	232.48
Krottendorf	8 „	13.20	„	—. 4 2 =		56. 9	49.29
Altenburg	1 „	1.40	„	—.— 2 =		4. 1	5.41
Wolfsthal	10 „	16.40	„	—. 6 — =		48.12	64.52
Greillenstein (zahlt nicht wegen Armuth).							
Sierndorf	2 „	3.20	„	—. 3 — =		24. 6	27.26
Niederpoigen	2 „	3.20	„	—. 1 — =		8. 2	11.22
Losdorf	2 „	3.20	„	—. 1 — =		8. 2	11.22
Gazengang	1 „	1.40	„	—. 1 — =		8. 2	8.22

Außerdem noch Einzelne.   In Summa fl. 4008.57

Beilage VII. (zu S. 24.)

אלו השמאים הנזכרים לעיל הלא המה כהרר זעלקי מלויז וכמר
הירש מווייטרסעלד וכמר שלמה באק פלעם וכמר פייבש א"ם
וכ"מ משה מויטרן וכמר יעקב טריבם ווינקל וכמר הירש מרהעק
נבררו מכל בני המדינה לעשות פשר דבר דרך נדבה לסיועת שאר
בני המדינה אשר מטה ידם ואי אפשר להם ליתן סכום הקצוב זה
ארבע שנים כן עשו רוכם ככולם בתורת נדבה והוסיפו על עצמם
כל א' כפי אפשר ובפירוש הותנה שלא יקרא המותר על הסכום
הקודם בשם סכום רק נדבה ובאם יעשה סכום אחר לא יקחו
השמאי' לפניהם הצעטל הזה רק צעטל של הסכום הנעשה ה'
מנחם תכ"ב ועל פיו יצאו ועל פיו יבואו הדברים הנ"ל הותנו
במעמד כל אנשי המדינה יצו בשעה שנדרו האלוף' הנ"ל חוץ אותם
שהתחדשים למקרוב באו יעשה להם כמה שנכתב בצטיל הזה כ"ד
היום יום ה' י"ב תמוז תכ"ו לפק.

נאום נרשון אשכנזי ח"ם ק"ק וינא.

Ursachen, warumben die Judenschafft von Wien abzuschaffen wäre.

Interesse diuinum Erstlichen weillen die Juden die grössten feind und widersacher. des christl. Volckhs vnd glaubens seyn vnd solchen Haß nit allein von ihren Voreltern nach vnd nach an sich ererbt sondern in selben alle Zeit mehres zugenomben, ie mehreres sie sich der christen gehorsamb vnd zwang vnderworffen befunden haben. So sind auch alle ihre glaubensceremonien ritualien gebett vnd andachten a diametro denen christlichen zuwider vnd ein gänzliches gegenspiel zu welchem sie von ersten Jugent gleich in ihren Schuelen vnd Synagogen auch zu Hauß von ihren Eltern vnd Lehrmaistern erzogen instruirt vnd angehalten werden vnd erhellet dise wahrheit aus allem ihrem thuen vnd lassen wie nicht weniger aus denen historien aller Orthen sonderlich aber der Statt Wien, welche dieselben straffbaren wandel mit sich bringen, was maßen in verübung der abscheulichsten Attentaten vnd grausambsten thaten an dem allerheiligsten Sacrament des Altars so noch in frischester gedächtnus, dan noch vor längeren Jahren durch vergifftung der Brunnen, derowegen sie auß der Statt Wien geiagt worden, vnd das Plätzl hinder den Profoßenhaus, so damahls ihr Wohnungsort gewesen, noch den Namben des Judenplatzes von selber Zeit erhalten, wie ingleichen mit vielfältiger vertusch vnd vertilgung der christenkinder deren sie vill iamerlich ermordet, vill aber zu Juden beschnitten haben sich vergriffen haben. Weillen aber wie vermelt die Historien von solche geschichten voll, aß will man darvon abstrahiren vnd zu dem schreiten, was in täglicher praxi bei derselben sich eraignet, daraus der große Haß, Rachbegierdt, Naidt vnd feindschafft der Juden wider die christen sattsamb abzunehmen vnd zwar vornehmliche in denen nicht allein ihre glaubensgesatz, so durch ihre Rabbiner aufgericht vnd von selben auch allen schrifftgelehrten in ihren Synagogen vnd schuellen vorgebettet, gelehrt vnd ausgelegt werden, von dem alten Testament vnd h. Schrift sehr different vnd allein

der christenheit mehreres zur gefahrde vnd verachtung geändert vnd
eingerichtet sein, sondern auch ihre politische gesatz, nach welchen ihre
Rechtssprecher die Jugendt vnterrichten vnd in strittsachen auch andern vorfalenheiten ortlen vnd entscheiden, so Sy auch Jr Corpus
Juris nennen mit solche dogmatischen dingen erfüllet, die zu betrug
vnd Vberfortlung der Christen, ia zu denen Leib Lebens vnd des guets
gefährdt vnd schaden gereichen vnd obschon solche Buecher der Vrsachen halber ihnen aller ortlen zum offtern höchstens verbotten
auch in Truckh außgehen zu lassen inhibirt worden, thun sie sich gleich-
wol derselben gebrauchen, wie dan in gegenwartiger Commission ein
solches Corpus juris worzu Jre Rechtssprecher, schrifftgelehrte, Richter vnd andere beambte auch Gemeinde sich bekannt, exhibirt vnd
etliche puncta wie in beiliegendem extract zu ersehen herausgezogen
worden.

Diese vnd dgl. sachen seien ihnen nicht allein vermög dieser öffentlichen vnd privatlehr vnd vnderrichtung zugelassen, sondern sie halten es vnder ihnen nach vor ein größers Verdinst vnd Rhuem, wan
Sie die christen betriegen vnd wo sie öffentlich nicht können, doch
heimblich verfolgen, zu schaden bringen, ia gar wan sie glauben durch
christen gefährt zu werden denselben nach dem Leben zu trachten. Ingleichen die von ihnen gegen denen christen verübte Mißethaten anstatt
der bestraffung zu vertuschen, dem Vbelthätter aufzuhelffen oder solche
zu schuzen vnd thuns in allen oberzelten fählen nicht allein ein Jud
den andern an die Hand stehen, sondern es sezen auch die Familien sodan die gemeinden vestiglich zusammen, wirdt auch von andern orthen
ia gar von einem Landt in das andere von einem Königreich in das
andere, zu dem ende von ihnen hilff vnd beistandt geleistet vnd von
ihnen khaine vncosten gespart. Nicht weniger mit jammerlicher gottes-
lästerung gegen Christum, Vnsere l. frauen vnd die lieben heilligen
ihre Gemüther ertüellen vnd lassen sich durch so vielfaltige Abstraffun-
gen davon nicht abhalten, sondern das wenigstens vnder ihnen stäte
Beben, wie Sy dan auch bey fleischlicher Vermischung mit denen
Christinen nicht allein die Vexrigkeiten, sondern auch dabey die Con-
taminir vnd verschimpffung des Christenthumbs zum öfftern intentiren
dgl. abscheuliche Vermischungen aber, allermaisten die Beichtväter von
vndschädlicher Religionen selbsten in genere angegeben, sehr in schwung
khommen, ia sogar das sie denen geschandeten Christinen die Kindbeth

verborgener weiß in ihrer Judenstadt außhalten die Kinder aber be=
halten, beschneiden vnd erziehen. Auf dem Landt aber wirdt all dises
noch vill mehreres practicirt in dem Sy neben vnd mit denen christl.
Vnderthanen wohnen, derentwegen sich die Pfarrer beklagen, das man
Sy mit dem h. Viatico die Krankhen versehen, manchmallen in den=
selben Zimmern auch zue Betth liegende Juden antreffen thuen.

Bey denen diebstallen thuen sie auch zum offtern die malefican=
ten nicht souil des gewinns halber, alß wegen dabey mit einlauffender
occasion der sacrilegien zu kirchenraub anstifften, inmassen sich me=
niglich bestellung der Ciborien, worinnen manchmalen die h. Hostien
noch sich befinden, sodan der Kelchen, patenen Lampen fasst täglich sich
eraignet. So suechen sie nicht allein vnder ihnen selbsten, sondern auch
bey denen christen die Justitiam zu inertiren, denen schuldigen durch=
zuhelffen die vnschuldigen zu vndertruckhen, vnter denen Partheien mehr
stritt vnd wirrungen zu erweckhen, die wittiben vnd waisen vnd ihre
Gerhaben zu befahrden die verlaßenschafft zu verunthreyen auch durch
falsche erdicht, geschwaz vnd fitschlereyen nahende blutßverwandten hin=
der einander zubringen, ja vill offt auch sonsten ehrliche vnd redliche
gemüther durch Vorbildung zuersehendten großen Interesse vnd ge=
winnst zu verführen vnd zu vnbillche dingen zu bewegen vnd zu
malen die Jugendt durch Kuppeleryen zu verführen vnd vmb die ehr
zu bringen auch sogar des Adleß dabey nicht zu verschonen.

Auß disem allem kann sathsamb abgenohmen werden, wie der
Juden vnderschlaiff der Ehr vnd forcht Gottes zuwiderstrebt vnd von
ihnen die göttliche Mayestät immer dan belaydigt wirdt, zu geschwai=
gen der vnzelbaren von fast jedem auß ihnen lebenden wuecher,
Periurien, falsche Zeigniße vnd aller andern erdenkhlichen laster die
sie täglich ja stündlich vnd augenblicklig verüben, dan Jr ganzes le=
ben, Handel vnd Wandel alle anstalten vnd anschlag, ja alle Jre
gedankhen dahin gerichtet, vnd geaignet sein, will demnoch zu dem an=
derten membro, daß landesfürstliche Interesse schreitten, von waß
etwan etliche Authores in fauor der Juden geschrieben, daß zu meh=
rer Bekrafftigung vnseres Catholischen glaubens die Juden ab con=
cordantiam antiquae scripturae zuzulassen, mechten woll in andere
Länder wo villerley secten sich befinden einen schein können geben,
welches gottlob in vnsern Österreich sich nicht befindet, allwo der ca=
tholische glaub auff gueter grundtvest stehet.

Interesse principis camerale. Man möchte aber sagen, daß einen Landßfürsten vill an erhaltung der Judenschafft gelegen sehe, und vorbst dem Erzhauße Oesterreich, welches von unerdentlichen Jahren in stätter Uebung dises special privilege Juden zu halten sich befindet. So ist aber zu wissen, daß dises hochlöbl. Erzhauß so hoch von Röm. Kaisern privilegirt, das zu allen und ieden Zeiten sie sich derienigen Concessionen und Privilegien bedinen mögen, die sich in ihren Archiuen, obschon die instrumenta von dem alter verzehrt manc und ohne Sigel währen, bedienen können, demnach keinen Possess sich zu behelffen haben; So ist auch dises privilegium Juden zu halten vor alten Zeiten etwaß mehr special gewesen, nachmallen aber von villen fürsten, theilß erhalten, theilß propria Authoritate eingeführet worden, gleichwollen aber mehr schaden und unheil alß vortheil dabeh mit der Zeith erwachsen, dergestalt das Sie von meisten orthen wider veriagt und vertriben worden, alß da ist auß den völligen Königreichen Hispanien, Napoli und Sicilien, Frankreich, Lothring, Englandt, wie auch aus Niederlandt, Burgundt, Savoi, Mahlandt und Genua auß Bahern Schwaben und Thyroll, wie auch iüngsthin auß dem Konigreich Pollen, allwo sie eine solche Oberhandt oberkhomen, daß mann ihnen der Cosacken rebellion maistens zuschreibt. Zugleich auß denen Inner österreichischen Landen, wie auch auß dem unß nechstgelegenen Landt ob den Ennß. Wan man aber in specie auf dißes Landt vnder Osterreich die reflexion machet, so seind Sie wie oben auch angezogen worden vor dritthalb hundert Jahren hier in Wien wegen Vergifftung der Brunnen offentlich verbrennt und vertilgt worden und aller erst von 60 Jahren nur zu Haltung zweher Hütten wider eingelassen aber in diser kurzen Zeit sich durch allerleh practic dergestalt vermehrt haben, daß aniezo sich beh 3000 Seelen zu Wien befinden, von welcher großen anzaII geschweigens deren in Landt, so in etliche und funfzig orthen wohnhafft der ganze genuß in Jahrlichen bloß 10,000 fl. von denen in Wien und 4000 fl. von denen auf dem Landt Contributions- und Tolleranzgelter bestehen thut, so noch darzue mit mühe und langem verzug eingebracht werden auch zumahlen gar in aufstand verbleibt. Entgegen thäten der genuß von dem grundt, der Inen zuer wohnung ausgezeichnet ein mehreres sonderlich ietziger Zeiten, wan solcher von Christen bewohnt würde ertragen, allermassen die von Wien in ihrer

eingereichten schrifft zuer gleichmäßigen darangab, wofern die Juden=
schafft licentiret würde sich anerbotten

Allhier will man geschweigen der vielfältigen verschwärzung der
Mauthen, außforschung und an sich erhandlungen verlegener und an=
derer schuldbrieffen und bestallungen ia zu mahlen auch deren verfäl=
schungen zueraittung der juperinteressen, lifferung schlechter verligener
Sorten vor die Hoffstatt und militia, hinderhaltung der straffen, auß=
führung des silbers und goltß, verschmelz, außwechsel und beschneidung
grober minzsorten u. dgl. so das Landtsfürstliche interesse mehrere
verschlagen, alß befinden thuen. Wie man dann ebenfalls nicht be=
rühren will, waß Sie dem Landt der hiessigen Statt, alß auch denen
andern landsfürstlichen Stetten und Markhten, dan der kaufman= und
burgerschafft für villfältige nachteyl und schaden, welches dem landß=
fürstl. Interesse zu entgelt wider gereichet, zufügen thuen, von denen
die von Wien zwar außführliche in ihrer schrifft meldung thuen, ie=
doch hierwider auch ein mehreres solle angezogen werden.

Interesse politicum. Vnd dises soviel das Cameral In=
teresse betrifft, zu dem publico und politico interesse nun zu kommen
ist vorderst zu beobachten, die großen corruptiones und heilsamen
institice, alß der vornembsten Sailen und grundveste des allgemeinen
Regiments und zwar nicht allein vnder ihrer aigenen gemain, sondern
auch bey denen Christen durch dasselbe vnterhandlungen und anstiff=
tungen durch Verfälschung der Instrumenten, erforschung der geheim=
nussen, Corruption der Expeditionen falschen Zeugnussen und in=
ramenten, versuchung der delicten verschlagung der inquisitionen vber
große missethatten so Sie vnder ihnen vermittelß ihrem Banne und
heimblichen verbindnuß zu wegen bringen, da aber auch Christen mit
begriffen durch ihre argliftige anstalten, beschenkhungen, verschickungen,
abschreckungen auch gar durch Expraticirung vnschuldiger Arresten, zue=
genötigten revocationen vnbegründet und vnwarhaffter anziehungen
und versprechung vornemer schutz und protection und da Sie weiters
nicht können durch angebung für (?) suspect und diffamirung der
Gerichtspersohnen außsezung der schärpffisten Torturen, zu welchem sie
auch da die alten außfluchten entsezt sie sich offter selbsten ultro en=
biethen, die vindictam sublicam verhindern und dadurch gleichsamb
eine impunitatem scelerum einführen thuen, beuorab aber in denen
delictis, wo Jr comunitet mit zu leiden hette, in welche fahlen ihre

6*

obangezogen gesamt vernugen , daß Sie auch einen Juden , der die warheit entdecken wollte oder mochte, wenn es schon crimen laesae Maestatis betroffen thete gar vmb das leben zu bringen fueg vnd macht haben sollen. Waß kondte aber dem statui politico schädlicher sein, alß dises seiner aigenschafft nach verrätherische vnd denen Christen so auffezigen Volckhs, sonderlich aber in einer dem Erbfeindt so nahe gelegenen haupt veste vnd vormauer der Christenheit, kahser vnd erz-herzoglichen residenz Statt Wien, Indeme Sie eine wissentliche stäthe correspondenz mit denen Turgischen Juden zu Offen, griechisch Weissen-burg, Constantinopel vnd anderer orth führen , mit welchen sie nicht allein in denen Handlungen gewerbschafften vnd bündnussen, sondern auch in Bluetsverwandtnuß vnd verschwägerungen behafftet, derge-stalten, daß Sie zu erlernung der Sprachen wie auch zu erkundigung vnd außprechung der Landßbeschaffenheiten , ihre angehörige einander zuschicken, ia sogar die Kinder zu solcher vndenrichtung gegen einander außwechseln, wie dan heutiges Tags noch Turgische Juden sich hier befinden thuen. Nicht minder thun Sie sich auch vnder dem praetext der raiß nacher Jerusalem, wohin Sie häuffig sowol von hier selb-sten auß als von andern auch bißweilen verdächtigen orthen zu raisen selbst vorgeben auch darzu eine aigene Cassa in Wien halten, in die Turgeh begeben , alwo sie sonderlich an der Porten für dol-metscher gebraucht vnd villen gelegenheiten vnß daburch zu schaden oberkoment, woraus dann leicht zu schließen, wan solches in den Frie-denszeiten beschieht, waß in öffentlichen Kriegsläuffen durch Sie zu besorgen were! In deme wißend, daß erst im neulichen Turgenkrieg von verbottenen Waffen, stachel vnd ehjenwaaren durch Sie vnd die Raizen den Türgen vill zugebracht werden, dgl. Sie auch einstmallen mit denen Schweden, da die vor denen Pruckh lagen durch zue Führung allerleh munition, an welchem die Staat selbst Mangel gehabt prac-ticirt haben.

Eß ist auch dem gemeinen Standt nicht wenig schädlich der gar zu freie Zutritt, den die Juden sowohl in Hoch als niedern Standß persohnen Häusern durch ihre arrglist vnd eintringung oberkommen, daß Sie auch vill geheimbnuße erforschet solche zum vnterschlag aber ent-dekßt vnd verhinderlich gemacht, nicht weniger, in denen, privat-handlungen, vngleiche relationes von einem zum andern orth ober-bracht, barburch mißverstundnusse auch vnder denen vornehmen Beamten

verurfacht haben. So ist auch wissend, daß durch ihre anstifftung in
verräthereien die straßen denen raisenbten onsicher gemacht unb hohe
stanbß Personen beraubt worden, worzu Sie vornehme Kriegsofficier
durch falsche Vorwanbt verführt unb sich gar bes raubß theilhaftig gemacht haben.

Interesse provinciae: Damit man aber auch die Laubß-
Interesse nicht außer obacht lassen, so ist wissent, was sie bei gemeiner
Landtschaft mit der Tuchlieferung ihnen vor ein großer Vortheil gemacht, daß Sie jährlich in die etliche 20.000 fl. Vberschuß unb gewinn erobert da hingegen die k. militia dabey leiben mißen, will geschweigen, waß Sie mit onlauteren Landschafftcapitalien legscheinen unb
zweifelhaftige restantien für wuecher verübt unb die Landschaft in
schaden gebracht, anbey auch bei dem geltbuch vill onrichtigkeiten ver-
vrsacht haben, so seinb durch ihre Vermehrung die Vnterthanen nicht
allein verschlagen, sondern manche gar vmb ihre Nahrung unb Häußer
kommen, entgegen die sich om selbe auch vmb grund unb Weinga rtten
annehmen, waß noch mehrers ist wider die landßfürstliche Generalien
nicht allein Mautt, sondern auch guetter unb wirthschaft in bestanbt
nehmen mit denen christl. Dienstbotthen unb Vnderthanen gebietten unb
schaffen selbe mit harten Wortte unb gar mit schlögen unb Arresten trac-
tiren unb zu villen onzuläffigen werkhen verleithen unb anstrengen neue
bräuch introduciren auch nach ihren Gesetzen einrichten, woburch große
Vngelegenheiten unb onheyl entstehen können, allermaßen der neuliche
erbärmliche Casus, so Ew. k. M. von der Regierung ausführlich berichtet worden, mit ertränkung so viller Christenpersohnen bei Marchekh
an der March sich ereignet; Sie thun ingleichen durch ihr starkhes
Hausiren unb schächern, sonderlich denen ganz erarmbten mitleibenden
Stätten einen onleibentlichen Abbruch, ihre märkth, gewerb unb hanb-
tirungen verschlagen, die Handwerkszünft schwechen unb wann sie gar
in denen Stätten selbsten nicht gebulbet werden sich an baß nechst an-
liegende Orth setzen allermaßen bei Cremßs unb anberwärts beschehen.

Interesse Nobilitatis. Es leidet aber nicht allein der
Vnterthan an seinem Guett, sondern auch der Abel selbst, indem ihrer
vill burch ihre schäbliche Contract verführet unb ohne regress zu
großen schaden kommen; der junge Abel aber manchmallen durch ihre
listige Anleitungen, zuebring unb zuehaltungen gar vmb baß seinige
gebracht unb ruinirt wirb, wie nicht weniger die Frauenzimmer zu

mehrerer Verthunlichkeit vnder vorwandt der ringern Kauff vnd zahlungs-
friften verlaithet vnd fonderlich mit Hinderlaffung der Pfänder ver-
luftigt werden. So thun fie fich auch in allerley Hanblungen vnd
Contracten fogar in die Heiratscontracten einmifchen. Darburch aber
mehrerer Widerwärtigkeiten irr- und ftrittigkeiten verurfacht vnd die
nahenden Blutsverwandten zumeiften hindereinder gebracht werden.

Interesse civitatis Viennensis et mercatorum.
Zu dem Intereffe der Statt Wien zu fchreiten, ift folches durch ihre
vnd der Kaufleut große fchrifften überflüßig außgeführet vornehmlich
aber ihre meifte Befchwärde in deme geftellt worden, daß die Anzahl
der Juden der Bürgerfchafft vaft gleichet, (?) wo nicht übertrifft, die
menge der Gewölber deren vber 70 an den vornehmbften Plaz der ftatt
ligen vnd fo vill abgang der bürg. gewölbern verurfachen, mit herumbtragung allerhand Sorten abgelegener wahren vnd Tandlereyen auch mit
felbften zuerichtung der Kleider den verfchiedenften Handwerkhe großen
Eintrag thuen, wie nicht weniger der großen Herren auch andere Con-
ditiones Perfonen bedienten durch Beftechung an fich ziehen vornehmlich bei denen ankomenden Fremden mit praeoccupirung der Bürgerfchafft guete wahren vnd anmehr vorfchlagen, durch ihre betrügliche
Contract vill bürgerliche Handelßleuth in das falliren gebracht ihre
Bedinte und gewelbdiner zur Vnthreue aufgereizt. Ire Jugent in vill
Weeg verführet vnd faft der armen Bürgerfchafft vermögen, auch in
ihren Häufern durch fo villfältige vnd faft tägliche Diebftähl bei welch
fie Juden principaliter oder doch mit intereffirt in Vnficherheit geftellt, denen maiften wuecherlichen Handel in der Statt den fchädlichen
eingang gemacht durch die Vorkhäuffe Theuerungen erweckt mit auf-
klaub vnd Herumbtragung ihrer Lumpen vnd fetzen die Statt infec-
tirt vnd angeftecht haben zu großen tumulten und aufruhren Vr-
fache gewefen, bei erfetzung der bürg. Aemter fich eingetrungen) mit re-
comandationen herumbgeloffen und der armen wegen der fortification
abgebrochenen Bürgerfchafft durch inhabung eines fo anfehnlichen Plaz
fo der Statt und fortification wol anftunde, an ihrer widereinfetzung
verhinderlich feyn, wie man fich in den Vbrig mit mehrern auff ge-
gedachte fchrifft beruft. Vnd difes fo uil die große praeiudicia fchaden
und Vnheil, fo durch die Judenfchafft der Chriftenheit zuegefügt worden,
anbetreffen thuct.

Was nun die Judenschafft vnder sich selbsten und derselben po-
liceiordnung belanget, ist kein einzig punct von ersten bis letzten von
ieden so woll in specie, alß in daß gesambt gehalten worden, massen
Sie deffen nicht allein vielfältig überwiesen, sondern meistens ultro
selbsten beständig seind und zwar wie es mit ihren Wahlen fast jedes
mal hergangen, geben die so vilfaltige denunciationes und sonderlich
dise letztere clar an Tag und sind zumal der oppressiones so
die Gemein von ihren Vorgehen bishero erleiden müssen sattsamb
Zeugen die vnzalbaren Klagen, so bey dem Hofmarschallgericht, wie auch
bei Ew k. M. selbst einkhomen, zu geschweigen, der so bei ietziger
·Concession fast nicht anzumerken geuesen, Indeme vorhero vill
aus Forcht etwas zu entdecken nicht getraut, weillen selbe nicht allein
durch Betrohungen, Arresten und Verfolgungen, sondern gar durch ihre
höchste Paan abgehalten worden, jetzt aber und zwar von Tag zu Tag
mehreres einlauffen thun. Ire delicta nun zu berühren, die durch Sie
selbsten wieder einander geoffenbart worden, solche in grausfamben
Assussimys veneficiis incestibus et adulteriis, falsis, periurijs tur-
tis und fast allen Criminalibus so nur erdencklich sein, welche Cri-
mina aber gueten theils durch Corruptiones und schwankhungen ver-
tuicht, entgegen, die sich in solchen nicht vnterwerffen wollen, wol gar
härter offt auch vnschuldig gestrafft, da doch ihnen nicht zugelassen, die
Criminales zu bestraffen, deme aber zuwider, Sie sich gar so weith
vergriffen, daß Sie auch wider Ire k. M. außtruckliche resolutionen
in contrarium über die Denuncianten Vrtheil gefällt haben.

Wie Ire Richter vorsteher und Beambten in machung der anlagen, verraithung der gefällen nicht allein vntreu vmbgangen sondern
ihrer eigenen enthob, und verschonung die arme Gemein belegt und nicht
vnnothwendig allein zu ihren Vortheill angesehene anticipationen solche
Exactionen vermehrt. Solches ist allein an denen genugsamb abzunehmen, daß Sie nur bis anno 1659 vnter dem praetext daß die
anno 1649 auf 50.000 fl. sich beloffene pardonssumme so mit jähr-
liche 8000 fl. Capital zu bezallen gewesen bestritten werden missen in
die 150.000 fl. anticipirt haben, welch' Anticipation Sie gleichwollen
nach proportion ihrer anlagen und einkhünffte immer 4 oder längstens
5 Jahre nebenst denen ordinari außgaben gar leicht hätten abführen
können, gestalten sich aus denen Raittungen zeiget, das von gedachten
1659 Jahr bis anno 1666 der empfang in Raittungen auf 498,289 fl.

sich erstrecket so auff iedes Jahr gleich außgetheilt mehr den 7000 jährlich importirte. Nun hetten ihre nothwendig außgaben auf daß erste Jahr alß anno 1659 nemblich die 9000 fl. Interesse von den 150,000 fl. Irer k. M. iährlichen Contributionsquote pr, 10.000 fl. Neues Jahrs Vnkossten bei 2000 fl. grundbienst denen von Wien 1000 fl., 300 fl. ad aerarium sanitatis 700 fl. von ihre Besoldungen 2000 fl. zur Bestreittung anderer gemeinen ausgaben (welches doch hieher alß ihre Raittungen selbst mitbringen geraithet) zusammen in einer suma 25.000 fl. betroffen, solche von 70·000 fl. empfang abgezogen hätte gleich daß erste Jahr an Capital 45.000 bezalt werden können und were folgendtes mehr nicht als 105.000 fl. auf anno 1660 verblieben, auch solches geringeres Interesse hatte den Auß. gab des 1661 Jahres 22.300 fl. betroffen und folgendts an dem Capital wider 47.000 fl. bezahlt werden können, also daß auch das folgende 1662 Jahr mehres nicht alß 47.800 (?) auch anno 1663 aber allen 50 562 fl. verblieben und anno 1660 gar leicht die übrige völlige summa hätte bezahlt werden können, da Sie doch noch heutigen Tages in die 80.000 fl. schulden sich befinden thun.

Es zaigen aber ihre Raittungen, daß die vbrigen außgaben, in lauther Verehrungen, Zuschlägen, Sensarien, Wahl unkosten und mahlzeiten, heimblichen Bestellungen, vnnothwendige Raißvnkosten und anderer assignationen oder geschefftle, bey denen Sie keinen namben oder vrsache anziehen bestanden, außer daß allein eine Extraaußgab in das Steueramb t und Landhauß, wegen der leib und Trankhsteuer pr. 5203 fl. eingetragen worden. Wordurch dann nicht allein die Gemeinde ausgesaugt, sondern in ermanglung anderer mitel und gewerb fast zur Verübung der Diebstall, falsiteten u. dgl. getrungen war, welche not aber solcher gestalt, Je länger ie mehr zunemben, oder die gemein zu anderwärtigen verzweifelten resolutionen bewegen muß, und dieses vmb souill bestomehr ie größer die anzahl der ärmern Juden wachset, und einer dem andern das Brot entzieht, wie dann erschrecklich zu hören, daß seithero 60 Jahren, von nur 2 damals eingelassenen Familien die Anzahl sich bis in die 3000 Seelen vermehret hat, daraus leicht zu muthmaßen, wie in daß künfftige die Judenschaft sich vberschwemmen und woll denen Christen überwachsen dürffte. Ungeachtet aber nun von der Judenschafft also schwere delicta und excesse begangen worden, so haben Sie sich doch durch die darüber vorgenommenen Pauschhandlung unb barauf erfolgte Exactione nicht allein mit ein leichten burchgebracht, wohl auch mehreres berechnet und was das ärgste ist, anlaß genohmen die Excesse besto freier zu wiberholen, in der Hoffnung iebesmall burch ben gleichen Accord sich baraus zu bringen, allermaßen der effectus bey benen nur seithero anno 1649 geschwächte 4 landßfürstl. inquisitions-comißionen sich clar erzeigt hat, auch bey biser letztern, eben bisen weg zu ergreiffen Sie sich eifrigst bemühet haben.

Beilage IX (zu S. 49.)

Etliche Rationes so pro Judaeis eingeworffen worden lauten:

1. Daß durch die Cassierung der Judenschaft, ober auch durch Abstellung ihres Gewerbß eine Landßtheurung sich ereignen werbe, Br-sachen die Handlßleuth ihre Waaren nachmalen nach gefallen tariren würden, welches sonderlich ben gemeinen Mann sehr beschwerlich were.

1. Antwort. Daß sie die Wahre woll wollfeiler geben können Indeme Sie nur verlegene und schlechte Wahren an sich erhandeln, baburch aber der gemeine Mann mehr schaden als nutzen hat. So nehmen sie solche auch gemeiniglich von den fallirten christl. Kauffleuthen, welche es eben vmb ein solchen Werth denen andern Christen hierumb geben wurden, wan Sie sich barumben anmelden wurden, ja wan Sie solches von erster Handt hetten, wurden sie es noch geringer bekommen, weillen die Juden auch ihren gewinn babey haben mißen.

2. Wann die Burgerschafft der Juden Contribution ober sich nehmen solten, wurben die bürgerl. Handlßleuth ihr portion wider auf die Wahre schlagen.

2. Antwort. Diese Contribution wurde auf die Heußer nicht auf die gewerb geschlagen werben, vnd weillen die Christen mehr Zu-gang vnd Anwehr baburch erhielten, wurden Sie ehender mit denen Wahren ab, alß aufschlagen; sonderlich weillen die Niberlagen allhier, welche die bürg. Kauffleuth vorthan in billich Werth erhalten, widrigen-falls die Kauffer zu ihnen gehen wurden.

3. Konten die Juden die Waaren leichter geben, weillen Sie mit einer geringen Nahrung vorlieb nemben, entgegen die chriſtl. Handlßleuth auf ihrer pracht viel verzehren.

3. Ant. Iſt zu wißen, daß gemeiniglich der chriſtl. Handlßmann nicht allein vmb der Waaren, ſondern auch von andern mitteln ſo der Jud nicht haben kann, ſich erhaltet. So iſt auch nicht ſo vill bey den gemeinen Juden der parſimonia alß die impoſſibilitet vmb willen ſelbe mit villfältiger privat anlag beladen, die ſie zngleich beſtreiten miſſen, deren aber die Chriſten mehreres entübriget. Iſt auch wißent daß die Juden vill mehr Kinder zu ernähren haben, auch ihre arme befreundte in die heußer nemben, alſo ihr Haußweſen in ſolcher mänge, daß es ſich offt ober 20 Perſohnen erſtrekhet, ſonderlich in deme ſie ſich ſo früh verheurathen.

4. Daß die Juden denen Chriſten vill länger zuehalten und borgen.

4. Ant. Eben darburch falliren bey ihnen vill, denen gar kein regress von ihre Creditores mehr zu hoffen, ſo thun auch ihrer vill nicht vmbſonſt zuwarthen, ſondern das Intereſſe zu erraichen.

5. Das bey ſo volkhreicher und immermehr zunembenden reſidenz ſtatt die chriſtl. Handlßleuth ohne die Juden nicht ſufficient weren die Vorſehung zu thuen.

5. Ant. Iſt zu wißen, daß nicht allein die Niederlag zur ſtell ſo niemallen wird außkaufft können werden, ſondern auch die bürg. Handlßleuth ſich nur allzu vill vermehren vnd weillen die Juden keine wahren ſelbſten zurichten oder fabriciren, ſondern nur von Chriſten nemben, So iſt auf dieſelben der Vorſehung halber keine reflexion zu nehmen.

6. Indem die Juden keines Handwerkh kundig, alſo alles von denen Chriſten erkauffen und arbeithen laſſen mißen, zumalen auch die Victualien von Wein, Brodt und Fleiſch (dan ſie keinen aignen grundt noch Vieh halten) bey denen Chriſten nehmen, ſo werden hierburch die Chriſten bereichert.

6. Ant. Sie haben wirkhlich vnder Jnen die Handwerkher ſo zur täglichen Notturfft gehörig, andere brauchen Sie nicht, ſondern es befinden ſich etliche, als ſchnurmacher, Gold= vnd Silberarbeither die denen Chriſten nur mehr eintrag thuen.

7. Wann die Judenschafft insonderheit die wienerische sollte völlig weggeschafft werden, wurde außer Lands kein großes Capital vnd Vermögen weggeführt werden.

7. Ant. Die Juden oder doch der wenigste Teil hat kein Capital sondern dasselbe bestehet allein in ihren betriegerischen Handel vnd Wandel, mit denen Christen, in denen sensarien, dexteritate negotiandi vel potius decipiendi wornach Sie einen jeden anlegen. Inmaßen auch ihre ganze Massa oder Substanz, wobei die Contribution nur auf 30.000 fl. submirt ist. So iedoch wie vorgemeldet nicht in paaren oder realmitteln, sondern vornemblich in der Handtierung consistirt, wenn hiebey abgezogen werden:

1. ihre passiven schulden; 2. die ihnen albereit dictirten straffen, worunder des Hirschl Mayers ganzes Vermögen begriffen; 3. das schuldige Abfahrtgeld; 4. die hinderlassenen Heuser. So wird der meiste thail ihrer, wenig genug aus dem Landt mit sich nehmen, angesehen der reichern Juden vermögen, ohne daß verschwiegen vnd dahero dem Landt nicht nur unnutzbar, sondern auch, weil Sie damit die Christen forth vnd forth durch tausendfeltige renth aussaug hochschädlich ist, welches Sie auch alsbald bey vorfallenden Gefehrlichkeiten außer landts schicken, und darmit denen landtsfürsten niemal ihre Hülf noch zu statten khommen.

Beilage X. (Zu S. 49.)

Inquisitions-Commissionsgutachten.

. . . . Was nun ihre activ und passiv schulden anbelanget ist erstlich zu wissen, daß kheine Jüdische schuldtobligation Crafft kahf. Resolution ohne Verwilligung des Hoffmarschallgerichts und dessen Ambtssiegels auftruckung gültig, anderten daß vmb der gemain gemachten anticipationen nicht allein die Judenschafft insgesambt sondern auch die Reichern aus ihnen in specie und in proprio und zwar in so-

lidum mit verschriben sein deren Haab und gueth eben so wohl haff=
tend da man ihnen so vil termin und lufft alß die aufffindigung
mit sich brachte, nämblicheu längstens ¼ Jahrs zuelaffen wurde sich
die chriftl. Creditores lheiner gefärde zu beforgen haben. Zudem die
matfte ohnedem bereits die aufkhündigung gethan. So belauft auch sich
die fchuldensumma über die 80.000 fl. nicht, welche abzuftatten in
diefer Zeit sich wohl mittel finden werden. Jndeme Sie bey gegen=
wärtigen Jnquifitions=Commiffion von felbften erböthig gewefen sich
faft auf eine folche Summa zu ihrer völligen literation einzulaffen,
welche Sie zufammenbringen und gleichwolen die fchulden benebens
bezahlen hetten mißen, und welche auf folchen Fall die reichen eben so
wol betreffen oder aber, da Sie es der Gemeinde mehrern theiß auf=
laden hätte wollen, felbige genötigt werden, folches mit unläffigen Mittln
zu beftreitten und zu erheben, wordurch aber eben benjenigen was Ew.
l. M. gnädigft Jntention gemäß, durch diefe Comiffion abolirt werden
follen mehreres von Neuem eingeführt als abgeftellt sein werden.

Herentgegen khann durch die bey Comiffionshanden nunmehr
habenden gewißen Berzaichniß ihres Bermögens eine gleiche proportion
und eintheilung deß bezahlten fchuldenlaftes defto ordentlicher beftehen,
auch dergeftalt in eine leichte praxim redigirt werden. Was aber die
privatfchulden belanget ift notorium, daß man weder ihnen Juden, noch
für denen Chriften ohne pfänder etwas leihen thuet, dahero bei er=
mangeluder Zahlung diefe pfändter gerichtlich eingefchäzt werden, zumal
auch durch eine ordentliche Criba diefes Werkh wol abgeholffen wer=
den könnte.

Zu den andern Hauptpuncten zu fchreiten, wohin man mit ihnen
auß wollte, indeme Sie nicht allein aus der Statt, fondern aus dem
ganzen Landt zu fchaffen währen. Würde erftlich vmb ein großen thail
der Fremden die ohne Licenz sich hier aufhalten und ohne dem dahin
woher Sie khommen wieder zurückzukehren haben kheine Sorg zu neh=
men sein.

Anderten ftoßt Bnderöfterreich mit Mähren und Böhmen an
allwo Sie als leibeigene leuth angenommen, auch bey folcher Sub=
jection in befferer Zucht erhalten werden können. Was ift für eine
große Menge und anzahl der Juden aus Polen bertrieben worden,
die iedoch sich berloffen hat dann diefes volkh leicht vnderfchleiff findet.

So ist auch der Landtjuden Privilegies von Ew. k. Mt. biß
dato nicht confirmiret worden, zu geschweigen, daß aufm landt an
maisten orthen gar ohne Privilegio und landesfürstl. Consens eingenommen worden, deren doch vill selbsten gern ihrer eingenommene Judenschaft wider entbündet were. Zudeme Ire gesax vermögen, daß Sie
alle vertriebenen Juden biß zu deren retablirung aller orthen vndter-
bringen und erhalten mißen.

Vnd wo Gottesdienst und des gemain wesens Nutzen auch die
Abschneidung so großer Argernuße, wie oben mit mehreren deducirt worden, ihre Abschaffung erfordert, ist auch ihre fernere Vnbierbringung
nicht zu gedenken.

In Erwegung schlißliche, E. k. Mt. dero landt und leuthen mört-
liches Interesse daran gelegen, Indem dieser orth allero die Juden ihre
Wohnung gehabt, aus Einer Juden Eine Christenstatt nicht allein aniezo formirt, sondern auch sich dergestalt vermehren wurde, daß mit
der Zeit gar ein neues Wien daraus entstehen möchte, sonderlich dafern,
wie es das Ansehen hat der Thonauarm bey Nußdorf sich abwenden
und der Lauf allein gegen die Taborseithen nehmen. Auch allda die
Vrsache und Haubt Anlande verorsachen und vmb daß auß der
Inern Statt die Zufuhr desto bequemlicher gemacht wurde. So ist
Ew. k. Mt. auch wißend was gestalt man noch von diser, wie auch
neulicher Türkhenkrieg bey herzunahender großer Feindtsmacht (so
Gott verhüten wolle), man auf Fortificirung der Taborinsel gedachte
gewesen ia sogar schon zur Fortificationsaußthailung die aufsteckhung
gethan hat, wie nun hierdurch nicht allein die Statt Wien sondern
auch Ew. Mt. armada mehreres versichert und bedeckt were. Also werde
solches bey mehrerer populirung selbigen orths desto leichter zu wege
zu bringen sein. Es wurde sich hierdurch der Vertrösten ersetzung der
Plätz denjenigen, so der Fortification halber vmb Wien abgebrochen
werden, würklich widerfahren. Nicht wenig die Hofquartier leichter zu
bestreiten sein, worbei nicht außer acht zu lassen, das sehr verträglich
were, die in allen vorstätten außgebreitete k. Guardi; bey St. Vlrich
beysammen zu haben. . . . .

Vnd weilen die Statt Wien Niderlag und vbrige Khauffmann-
schaft dieser, ihnen so beschwahrlichen leuthen sich zu entbürden und dardurch nicht ein geringes emolumentum zu erheben hoffet. Alß wurde
Sie sich bey diesen so nöttigen Zeitten, absonderlich da sie dadurch denen

granizen, wider den Erbfeindt behülfflich sein könnte. Jrer gegebenen
Verbröstung nach auch ein absonderliches donativ 50.000 fl. paar
Gelds einlassen, und damit die bey der Hoffammer in großer Anzahl
vorliegende Tücher zugleich mit außgebracht und die guarnisonen in
denen granizen contentirt werden khönnen.

Wann nun E. k. M. aus dieser gehorsamsten Erzählung die
onbeschreibliche Bosheit und lasterhaftes Leben dieses gottlosen Volckhs
mit mehrern gnädigst vernommen, und daß zumal durch deren völlige
Wegschaffung zuförderst die Ehre des allerhöchsten befördert und dessen
gerechte Straffe, welche seine Allmacht ober ein landt wegen dieser in-
wohnenden verfluchten leuth schicken kann abgewendet, das Christenvolkh
von den Wucher und schabhaften Wandel errettet, Ew. k. M. eigenes
Cameralinteresse ehender vermehrt als vermindert, dem Abel die ver=
führerische anraizung zum Verberben benommen, das nahend dem Erb=
feindt ligende liebe Vatterlandt von den Juden verrätherisch und höchst
gefährliche practiken erlöst, die Kauffmannschaft in guetten Flor er=
halten, und zunach dero Residenzstatt Wien in besten Aufnehmen und
bevestigung zum behuef des ganzen Landts gesorgt wirdt. Alß hat mann
zu Ew. k. M. angebornen großmüthigkeit, lieb gegen das Vaterlandt
und benorab deren bekannten Eyfer in Beförderung der Ehr Gottes
Die Beste und gehorsamste Vertröstung gesorgt, Sie werden nach dem
lobenswürdigen Exempel dero in Gott ruhenden Vorfahren zu deren
ewigen Nachruhmb die höchst erprießliche resolution schöpfen diese
aus allen österr. Landtschafften einig und allein mit dem jüdischen
gifft annoch inficirten getreuesten provinz mit gnädigsten augen ansehen und selbige vermittels völliger Ausschaffung der innewohnenden
Judenschaft mit kayj. milde vätterlich consoliren.

———————

Beilage XI (zu S. 50.)

Veit Munkhen	5588 . 22½
David Nathan	1199 . 9
Jacob Schneider	1360 . 5

Joachim Gerstl	661	15
Hirschl Mehr Sohn, Hauß	2004	17
Wolf Pindl	2204	80
Israel Joachmib	1403	9
Hirschl Rechl	665	45
Inschall Lemoni Cramer	241	44
David Nathans Enikhel	189	30
Josef Oberländer	2612	43
Jacob Salamon	4391	45
Abr. Höcht	7308	15
Joachim Gebiß	465	—
Jeremias Mayer	747	45
Sam. Hecht	1822	—
Jacob Ziggeiner	584	54
Mobl Puskh	796	52
Jos. Pland	496	45
Aron Seikhel	488	15
Samuel Israel	2567	48
Ißrael Salomon	718	30
Jacob Hecht	2390	57
Samuel Israel	3512	—
Lämel Rißens Khinder	1907	9
Abr. Höcht	4385	45
Juda Polackh, Richter	5115	31
Mohßes Aron Fränkhl	692	36½
Abr. Fränkhl	3003	45
Copel Rißen (alt gemein hauß)	2049	45
Abr. Fleischhacker	194	40
Ißac Hälles	706	15
Sambjon, Stadtschreiber	600	20
Lämel Riß	254	6
Jac. Schlesinger	2820	—
Mohßes Kirschner	1952	36
Perl Goldschmidt	3921	—
Hanh Fränkhl	2821	—
Copel Fränkl	4752	40
Neue gemain Hauß	2631	24

Dauid Ascherl	2156 . 20
Die alte Synagoge	— . —
Jac. Herlinger	1573 . 5
Lazarus Khäser	2118 . —
Hirschel Sambson	1646 . —
Josef Jud	501 . —
Mayer Perlheffter	1222 . —
Jung Copl Fränkl	3149 . —
Victor Lazarus	1309 . —
Jung Copl Fränkl	1927 . —
Seuch Mendl	256 . —
Mobl Riß	1507 . —
Hirschl Luzerner	2692 . —
Jachalin Pratin	396 . —
Michael Gerstl	2394 . —
Sam. Goldschmidt	3075 . —
Benj. und Sal. Fränkl	4679 . —
Zach. Mayers Erbe	3988 . —
Aron Fränkl	139 . —
Aron Hönich	3232 . —
Abr. Hönich	2036 . —
Carel Weyl	1806 . —
Elias Polach	2030 . —
Dauid und Perl Polach	1744 . —
Isac Riß	1591 . —
Marx Israel	988 . —
Sal. Emßgen	647 . —
Isac Wormesser, Wittib	796 . —
Jonas und Sal. Isac	1379 . —

Beilage XII zu S. 57 Anm.

Es ist außer Zweiffels, daß fast von Christi geburth und der Zerstörung Jerusalem her, wo nit in allen doch in denen mehresten Königreichen und Ländtern Europas (anderer Theil der Weldt zu geschweigen) die Juden aufgenommen, und an Vielen orthen über Tausendt und mehr Jahr tolerirt, auch denen selben ansehentliche Privilegien ertheillet, und starcker Schuez gehalten worden, Wie man es noch in ganz Italien, in Vielen Fürstenthumben Teutschlandts, in Königreich Pohlen, Moschkau, denen vereinigten Niederländtischen Provinzen, auch in denen Ländtern, welche denen Türken Vnderworfen seindt zu sehen. Nun ist gar nicht zu praesumirn, daß alle Potentaten, Republick Fürsten und Magistraten, sich hierzu durch bloße worth persuadiren lassen, da Sie nicht für sich und die ihrige einen Nuzen darauf verspühret hätten, obschon selbiger nicht allezeit und alle orthen gleich sein können, Wie dan Viel Juristen und Politische Scribenten dieses Weitläufig außführen, und waß hierwid eingewendet Werden kann, Beantworten. Es ist zwar nicht ohne daß auß vielen Königreichen und Ländten, in der Christenheit, Juden Succeßine vertrieben, und Veriagt worden, welches an Thails orthen auß erheblichen großen Ursachen geschehen, indem Sie sich an die Mayestät Vergriffen, oder sonsten den Statum publicum zu violirn sich Vnderstandten; Wiewohl auch dieses von den Politicis nit allerdings aprobirt Wirdt, indem dies experienz gezaiget, daß dieienige König, Fürsten und Herrn, Welche sich zu der gänzlichen Vertreibung der Juden persuadiren lassen gemainiglich ihre Ländter dadurch Depopulirt, die Comercia geschmellert, und der Feindt Macht gestärcket haben, dahero nach Beschaffenheit der Ursachen, mit mehreren Nuez des gemainen Wesen, andere Strafen vorzunehmen gewesen Wehren.

Ob nun die Juden in Oesterreich und zu Wienn, nachdem Sie über Sibenhundert Jahr tolerirt worden, ins Gemain erst vor wenig Jahren hero also abscheulich gesündtiget, daß Sie sich aller Privilegien, Gnadt und Barmherzigkeit verlustig gemacht, auch solches anderst nicht, alß durch eine generalexpulsion, sogar mit der Christen Schadten daruon nachgehends ein Mehreres abgestrafft werden können, solches ist biß dato ins Gemain unbewußt. Und obwolen auß denen angegebenen Verbrechen, sonderlich contra particulares Viell wahr, und erweißlich gewesen; So ist doch keines Weegs zu zweifflen, daß darunb auch Viell Ungleiches mit Unbergelaufen: Massen solches unb auch an andern orthen nit ermangelt, Wo man zu der ausrodt oder Veriagung der Juden geschritten. Die Historien bezeugen, daß under der Regierung Kahsers Caroli quarti circa annum Christi 1348, die Juden fast durch ganz Europa Mit Fener unb Schwerdt Verfolget, unb erbarm= lich hingericht worden, weil man ihnen schuldt gegeben, daß Sie die Prunnen vergiftet, unb damit die dazumahlen graßirte grausambe Pest verursacht hetten, Welches doch nachgehents niemahlen rechtschaffen Be= wissen werden können.

So erzehlt Lehman in der steherischen Chronik, lib. 5, Cap. 52, daß ein Mönich Namens Rudolph, der eusserlichen Scheins großer Gotts Furcht, Von den Juden osentlich gelehrt, daß die Juden der Christen abgesagte Jnerliche Feindt unb so schädlich alß die Saracenen (gegen welche man dazumahl Krieg geführet) seien, unb männiglich mit eifrig Ernst Vermahnet, selbig außzurotten, auch Geist unb Weltliche in der Stabt unb Bistumb Steher dahin gebracht, daß Sie zuer Wehr gegriffen, die Juden Haab unb Gutts beraubt, unb was sich nicht mit der Flucht saluirt, erschlagen haben; denen balb andere Stäbt nachge= folgt. Welches Factum G. Bernardi in einem schreiben an den Bischoff Clerisey unb Burgerschafft zu Speyer sehr imbropirt unb abgemahnet hat. Kahser Wenzeslaus soll ex instinctu nobilium zur Verfolgung der Juden gebracht worden sein. So seindt auch viell Scripta, alß unber andern, sub nomine eines getauften Juden Franciscci Von Mantua, Jubischer Schlangen Balck intitulirt, (darinen Beschriben ist, Wie ienes Geschlecht besonders Verflucht sehn, unb waß es vor Plagen zu leiden habe,) in den Truck ausgegangen, Welches ein großes Odium gegen die Juden erwecket, unb doch hernach à viris prudentibg. für gedicht gehalten unb verworfen wordten. Man hat vorlengst vorgegeben, daß die Juden ohne Christenblut nit leben, noch ihre Weiber ohne dasselbe gebehren könnten. Dessen Widerspüll ipsa experientia, er= öffnet hat. Wie hiervon ein Mehreres in Privilegio Caroli 5 unb in der Confirmatio Maximiliani Secundi Dec. 1566 einkommet; Wie dan absonblich die Wiener Juden allezeit beständtlg Widersprochen, daß Sie dasienige, so ihnen wegen eines erschlagenen Weibes, Kuple= rehen, aufhaltung der geschwängerten Damen, unb andern Verbrechen imputirt worden.

Sonsten hat man wohl auß der erfarnheit, daß die Judische Natur mehr alß andere zum betrug und Vortheilhafftigkeiten genaigt, auch nit zu zweifeln, daß durch Sie viell Diebstal und andere schlimme stuck begangen, oder doch darzu geholffen, allein ist solches nur von priuatis und particularn, nicht aber von der Comunitet geschehen, dergleichen böse leuth thun auch under den Christen nit ermanglen, Wie sich dan gezaiget, daß seithero die Juden hinweckkommen, in der Statt Wien die Diebstall und andere delicta eben so wenig aufen geblieben, alß die großen glückseligkeiten erfolget, so etliche zur beförderung der expulsion haben Versprochen und gleichsamb prophezeien wollen.

Wann man wegen etliche Verbrecher eine ganze nation strafen und veriagen wollte, so würde in kurzer zeit in vielen Ländtern weder Christ noch Judt mehr zu sehen sein. Es ist gleichwohl von vielen Jahren hero, wenigst offentlich nichts fürkommen, daß die Juden einiger Rebellion, Verrätherey und derengleichen, sich theilhaftig gemacht. Weniger daß sie in die religion eingegriffen, einigen Christen zu ihrer Secta verführt, oder andere dergleichen enormia begangen hetten; derentwegen Sie auß Spanien, Frankreich, Baiern und andern orthen Vertriben worden. — In andern leuiorib. seindt Sie vor diesem Wohl öfter ergrifen, und nicht weck geschafft, sondern mit des Landsfürsten und des Gemainen Weesen, sonderbaren Nutzen umb ansehnliche Summen gelts gestraft worden. Judem nun hierauß erscheinen will, daß die Delicta derentwegen die Juden weggeschafft worden, nit sogar enormia capitalia, etc. comunitate perpetrata, sondern solche die auch von Christen begangen werden, geweßen; derentwegen Sie schon eine zimbliche Straff ausgestanden, da man die vornembsten anfänglicher incarcerirt, hernach mit einer gelt Straf belegt, alle umb hauß und hof ins Elend gebracht, auch bißhero ihrer Viell gar darinnen crepirn lassen. Alß würde die Widereinlaffung umb so viel weniger bedenklich fallen, und desto leichter Verantwortlich sein.

Daß aber solche Wiedereinlaßung nicht allein der billigkeit nach und dem politischen Weesen ohne nachtheil geschehen könne sondern auch pro bono communi geschehen sollte, solches wird nachfolgend gestalt remonstrirt.

7*

Daß aber die Juden dem aerario sehr nützlich und einträglich sein können, lasst sich der Beweis in continenti auß dem waß man in denen kurz verwichenen Jahren von ihnen gehabt darthuen; — Dan 1. haben die in der Stadt Wien Jährlich ordinari 10,000 fl. und in denen letztern Jahren gar 12,000 fl. geraicht. Nun ist zwar nicht ohne, daß die von Wien solche Post über sich genommen, wie langsamb es aber bishero mit der bezahlung zuegegangen, haben die vielfältigen Klagen des kays. Proviantambts, dahin dieses gefäll allezeit gewidmet gewesen, genugsamb zu verstehen gegeben. Zu dem ist dise Last der Burgerschaft in die Lange Unerträglich, Weill alles nur auf die Heuser, und deren Unschuldige Innwohner geschlagen wirdt; Da es sich nun begeben solte, daß Ire kays. May. mit dero Hofstatt nur ein paar Jahre von der Stadt Wien abwessent sein, und bie Heuser von dem bisherigen genuß kommen solten, wurde dises ganze Gesöll, nachgelassen oder die Statt Wien ruinirt, und denen andere Mitleidtenten Städten und Märkten gleich gemacht werden müssen. Wiewohl zu besorgen, es dürfte die Depracation so lang nicht anstehen, Weillen nicht allein und der Burgerschafft bereiths grosse murmurationes gehört werden, daß der Magistrat in dem Judenwesen übel gewirthschaftet, sondern es haben sich etliche des Raths selbsten Unlengst in der Commissionsstuben beklagt, daß Sie mit grossen Versprechen, die ihnen nit gehalten wurden, sich umb die Judenstatt und toleranzgelter anzunehmen, bewogen worden. Wenn aber dise Post bei der Judenschaft verbleiben thette, wurde man der quatembr. richtigen bezahlung allezeit besser versichert gewessen und noch sein.

2. Die Juden auf dem Landt haben Jährlich 4000 fl. toleranzgelter in das kays. Vicedombambt abgeführt, so die von Wien zwar auch übernommen, iedoch biß dato einigen Kreitzer darauf nicht abgeführet, wie Unlengst offentlich geschriben, daß Sie es nicht thuen Wolten, dahero bißes gesöll Verlohren oder die Juden wider eingenommen werden müessen.

3. Hat man bey denen Mauthen nit verspühret, daß sonderlich respectu dessen, so man ihrentwegen von denen Christen mehr gehabt, Jährlich von 10 biß 15000 fl. mehrer eingegangen, und künftig man die Juden wider in einen Credit kommen thetten wiederumb zu hoffen mehre.

4. Ist ganz klar, daß in der Judenstatt jährlich in die 2000 Stuck huugar. Ochsen consumirt worden, daruon dreißigst und Aufschlag über 8000 fl. außtragen.

5. Ist wissent, daß die Juden nicht allein ihre onera ordinaria sondern auch viell extra ordinaria bei dem 4 Kreiz aufschlag, Kopf Steuer, erbauung der Rauellinen und in andern gemainen Vorfallenheiten ertragen. Der Strafgelter so bißweillen ein grosses betroffen, Neue Jahres und andere Verehrungen zugeschweigen, da man sich gar nicht irren wurdte, von einem Jahr ins andere 3000 fl. aufzuwerfen. Da man nun disse Posten zusammen ziehen thette, würden jährlich 40,000 fl. und zu 5 percento ein Capital von 80.000,000 fl. constituiren.

Andertten ist eine gewisse Politische Regl, daß ein ieder Fürst Ihm soll angelegen sein laffen, sein Landt und Städt soviel müglich und desselber Ländtel mit Leuthen anzufühlen und populos zu machen. Sintenmahlen nun notorie in Oesterreich noch ein Mangel an Leuth und Underthanen erscheinet, noch viell tausendt Underthanen Heuser ondt und erst durch die Vertreibung der Juden von Neuen über die 12,000 Heuser ödt gemacht worden sein.

Alß erfordert Politica ratio selbige bester Maffen zu ersetzen und weillen unmiglich Christen hierzu zu finden, alß ist besser die Juden zu gebrauchen, und sich eines behtrags der Contribution sambt ander emolumenten zugebrauchen, alß selbige Lähr stehen zu laffen.

Drittens sehen die Politici und eines fürsten fürnehmstes ambt seiner Ländter und Underthanen Wohlfarth Zubedenken, und dahin zu trachten, wie ihr schaden zu verhütten, der Nuezen zu befördern und Sie zur Contribution tauglicher gemacht werden mögen.

Disses nun geschieht:

1. Wiegleich zuvorgedacht, durch Vermehrung der Zahl der Contribuenten; zumahlen aller Lasten leichter durch viell alß durch wenig kan getragen werden. Und ist leicht zu gedenken, man die Juden nicht wieder in daß Landt oder in die Stadt kommen, daß die Christen alles werden abtragen müssen, waß durch Außtreibung der Juden entgeht.

2. Gleich wie denen Städten in dem Landt durch außschaffung der Juden um Vermünderung vieller tausendt Consumenten, ein überauß großer schabten geschehen, indem eine grosse Anzahl Wein und

getraidt, Schmalz und andere Victualien unconsumirt verbleibet alßo daß die Viebe frucht ganz abschlagen und der Bauer selbige fast nit mehr bauen noch der Landtstant deffen einkommen, in dergleichen Wirtschaft bestehet, wie die mehresten im Lande sein, bestehen kann; alßo ist kein anders Mitl zu helfen, dann die Juden einzunehmen.

3. Ist Unlaugbar, daß alß die Juden noch im Landt geweßen, die Woll, Tuch, Schmalz und fast alles andere was im Landt aufgebracht werden können, eine beffere anwehrung gehabt, also mehr gelt ins Landt kommen daburch der gemainer Mann seine contributiones und Herrn Gaaben desto leichter bestreitten können.

Diffen nun zu helfen, thuet nicht allein die Politica, sondern auch die höchste billigkeit erfordern.

4. Ist ein gemainer Klag, daß die Landten Ständt die auf ihren güttern Juden gehabt. von denen selber Jährlich wenigst in die 20000 fl. genoffen, alßo daß der Werth der Gütter in Capital auf einmal umb 400000 fl. abgeschlagen und geringer worden, welches mancher nur alzuhoch empfündet benorab da keine Hofnung, die hierdurch öbt gemacht Haufer widumb zu erheben, in dem keine Grundt Stuck darbey seindt, daß ein Christ sich darauf ernehren könnte ; welcher schaden von rechtswegen zu erfetzen wehre, darzue aber schwerlich ein anders Mitl alß die wider Einnemung der Juden vorhandten.

5. haben die von Wien oder viell mehr nur etliche auß ihnen, sich stark bemühet, die Juden forth zu treiben, welches re ipsa nur ein privatum et proprium interesse etlicher Handelsleuth und Kramer gewesen, von denen man anfänglich viell geschrey gemachet, als ob Sie allein alles geben und erfetzen würden, waß durch die Judenschaft entgangen. Man hat aber bishero wahrgenommen, daß Sie zwar Ihre wahren statlich gestaigert, und wenig oder nichts zugetragen, sondern den Last auf andere gewelzet haben.

Was für einen feinen Nuczen, oder viell mehr groffen schaden daß gemaine Stadt Weffen darbey gehabt, zaiget sich auß nachfolgenden : 1. Entgehet demselben Jährlich ordinari Steyr 1050 fl. und extra ordinari von 750 biß 1000 fl. 2. Wein Tax. 550 fl. 3. bey der Mauth, am Waaghauß und Roten Thurm (so die von Wien dazue wider Ordnung doppelt eingenommen) wenigst 2000 fl. 4. seindt wochentlich eine in die andere gerechnet in der Judenstatt wenigst 100 Eimer Bier aufgangen, vom Eimer 15 kr. thuet Jährlich

1350 fl. Da Sie nun noch über diß zu richtiger Bezahlung der übernommenen 114000 fl. toleranzgelter angehalten werden solten, so thette dem Publico Jährlich die Last von 19,700 fl. zuewachsen, und ein Capital pr. 394000 fl. aufftragen, da doch gemaine Stadt Vorhero tieff genueg in schulbten gestecket, und mit bezalung der Interesse fast nit gefolgen können. Betrefent die Burgerschaft in particulari werden etliche specificirt, die man beyleufig wissen kann, darunb 1. die ienige in deren Häusern in der Stadt die Juden ihre Handelsgewelber gehabt und einen Ehrlichen Zins geraicht, so Jährlich zusammen auf die 6000 fl. kommen, disse nun stehen seithero der Aufserschafung der Juden fast alle Lähr, also daß die Leuth die Steyr nit mehr erschwingen können, sondern umb moderation oder gänzlich nachsehen bitten müssen, wo Sie nicht ganz dardurch verberben wollen. 2. Die Juden haben angeregter Massen Jährlich in die 2000 Ochsen gebraucht, da nun die Fleischhacker darbey nur von dem barr 8 fl. gehabt hetten, wie Sie es dissen Jahrhero von der orientalischen Compagnia genossen, thette es Jährlich auf 8000 fl. kommen. 3. Der Fischer- und Häringverlust wirbt nit viell geringer sein. 4. Die Mühlner und Becken würden leicht von 5 bis 6000 fl. calculiren können. Desgleich die Wachskerzler, Oehler, Schuster, Garttner und Vafszieher. 5. Von denen Apotecker, Glassern, Tischlern, Maurern, Zimerleuth, Fliegenschüzen und andere, wil man gar nichts melten, die Jährlich umb etlich Tausendt gulden schaden empfinden, welche zusammen in Capitali gar wohl auf eine halbe Million kommen werden. Disse den Gemainen Wessen und vielen particularen, sonblich denen die gewelber Lähr stehen, zuegefügte schäben, seindt überauß groß und retundirn entlich nur in Ihrer kahs. Mahs. und deß gemainen Wessens nachthail, dann wann die Stadt Wien erarmet, und die Burgerschaft zum Contribuirn untauglich gemacht wirdt, so hat man sich künftig eines desto schlechtern beytrags zu getrösten und auf die ansehentliche Hilfsmittl die vor bissem in unterschieblichen occasionen von der Stadt gelaistet worden, nicht mehr zu gedenken. Indem nun die von Wien, da Sie zu aufftreibung der Juden geholfen, um einen fast Unerträglichen Last auf die Burgerschaft sambt andern bey denen Hausern interessirten gewelzet, sehr Unweißlich prodigé gewirthschaftet oder sich gar zu leicht persuadirn lassen et Rei publicae interest, ne quis re sua malertatur. Benorab da solches zugleich

dem gemainen Weeſſen nachthaillig alß haben Ihre Kayſ. Mayſ. ge-
nuegſambe Urſach, ſolches zu remedirn, ſonblich da Sie es leichtlich
thuen könnten. Es möchte zwar obycirt werden, daß dem gemainen
Stadt Weſſen und Burgerſchafft durch herzuebringung der Juden
oder Leopoldſtadt, ein Nambhafter Widerumb erſetzt werden; allein
hat man die nachricht, daß von denen von Wienn zu abferttigung der
Juden und Bezahlung der Häuſer 200000 fl. anticipirt worden, und ob
Sie ſchon die mehreſten Widumb davon Verkauft, iſt es doch umb
ein geringes und auf termin geſchehen, thuen auch noch vielļ Häuſer
ganz Lähr ſtehen und iſt wenig Hofnung ſelbige anzubringen, zumahlen ihrer vielļ die ſchon Häuſer kauft haben, ſelbige Wiederumb
gern loſſ währen, daß denen von Wienn wenigſt 150000 fl. Capital
zu verintereſſiren verbleibet; diſſe erfordern Jährlich zu 6 percento
9000 fl. dagegen können die Steyern in der Leopoldtſtadt ſchwerlich auf
2000 fl. gebracht werden, daß übrige muß die arme Burgerſchaft noch
beytragen.

Denen ſo die Handelsgewölber in der Stadt Lähr ſtehen, haben
nit allein nichts auß der Leopoldſtadt zu genießen, ſondern müſſen noch
den übrig Laſt tragen helfen. Baß die Handwerker betrifft, hat es
zwar einen ſchein, alß ob von der Judenſtatt, anſtatt der Juden, ſoviel
Chriſten einkommen, Somit man ſich aber irre, indem keine oder doch
ſehr wenig frembte in der Lepoldſtadt ſich niedergelaſſen, ſondern ſeindt
nur ſolche Leuth dahin kommen, die ſich ohne daß In und Vor der
Stadt aufgehalten, darund viell HandwerksLeuth ſo die Juden nicht
halten dürfen, welche denen in der Stadt nicht allein nichts beytragen,
ſondern noch mehrers entziehen. Fünftens die allgemeinen Klagen, welche
faſt groß und klein, Arm und Reich betreff, beſtehend Vornemblich indem daß ſeithero die Juden weckommen, die Comercia merklich abge-
nommen, inſonderheit haben es diejenigen empfunden, Welche ihr einkommen von Schafen und Woll, auch von Teucht und Fiſchen gehabt
haben. Wehr von diſen ein ſchlechtes Roß, alten Wagen, Spalier,
Klaidt und derglaich ſachen, ſo Er nit mehr gebrauchen wollen, gehabt,
hat ſelbiges gleichwohl vermittels der Juden, verdauſchen, oder anderwerttig mit Nuezen anbringen konnen, welches man alljetzo faſt alles
muß ligen und verderben laſſen; Dann bey denen Chriſten und ſonderlich denen Wienern, die Faulheit gar zu groß iſt, ſich umb etwas
ſolches anzunemben. Am mehriſten iſt zu beklagen, daß Ungeachtet viel-

leicht über hundert Perfonen Vorhandt, die baares gelt haben zum
Ausleihen; und eben fo viel die es bedürfen, gern annehmen und ver-
fichern wollen, auß Mangel an Unterhandler, aber keiner den andern
erfahren kann. und ein ieder Noth leiden muß; Welches man abfon-
derlich bei der Hoffkammer tam in corpore quam in persone par-
ticularibus bißhero genueggfamb, und erft vor drei Monathen gar
ftark empfunden. da mancher fo vorhin in vier und Zwanzig Stundten
durch die Juden zu 50 biß 100 und mehr Taufendt gulden vermittels
eines fchlechten Trinkgelts, zu Ihrer Kaif. May. und dergemainen
Beften Dienften aufgebracht, aniezo gegen großen Verfprechen, nit
10 oder 15.000 fl. in etlichen Wochen zufammenbringen können. Es haben
fich zwar anfänglich etliche Weiber hiezu wollen gebrauchen laffen, Sie
haben die Leut zehentmal mehr alß die Juden überfchäßt, und etliche
fchändlich hindgangen, daß fich niemand mehr Ihrer Bedienen und
Trauen darf: Ift alßo in Wahrheit ein rechtes Elendt vnder denen
Leuthen, und thuet der fchaden, Womit Directe und perindirectum
alle Zeit auch Ire Kay, May. und dere Cammergeföll am mehreften
fallen, dahero nit zu zweifeln, Wann Ihre Kayf. May. diefe infor-
mation Zeitlicher gehabt hätten, fie in eine folche general abfchaffung
fo leichtlich nicht wuerden verwilligt haben.

Sechtens kombt hierzue daß offertum der Juden in dem Sie
fich bereiths auf 300.000 fl. eingelaffen, Welches gleichwohl eine folche
Summa, die bei gegenwärtig Zeiten, da andere geföll auf das höchfte
onerirt und die arme Underthanen an barrfchaft außerift erfchöpfet
fein, keines Weegs auß handten zu laffen. Und hat die Hoffkamer Bereits remonftrirt, wie Sie zu aufbringung der jüngften groffen anticipation bey fo fchlecht geftandenen Credit, fogar die Kayf. Tafel
gewidmete Einkommen Verfchreiben müffen. Da nun keine extra ordinary
mitl felbigen zu eliberiren erfundten werden follte, man nit wüfte wie
auch künftiges Jahr zu haufen. Da auch diffes nicht Wehre, fo ift ie-
berman vor Augen, waß für fchwehre Kriegs-Unkoften das negft künftige
Jahr nach fich ziehen werden, die aus denen Ländtern nit Wohl zu
hoffen, dahero man ehender noch mehr extraordinari Mittel fuch, alß
ein fo ergebiges verwerfen follte, auch endlich aller billigkeit gemäß
wehre, Solche Summa Lieber von denen Juden anzunehmen, alß felbige von Chriften zu erbreffen.

Siebendtes möchte eingewendet werden, es würdte Ihre Kayſ. May. reputation nachthaillig ſein; eine gefaßte und ſo weit vollzogene resolution ſobald zu endern. Es iſt aber eine allgemeine Regula, daß einen ieden Fürſten und Potentaten ex officio oblige, Waß Er zu nachthail ſainer und ſeines Staates oder Vnderthanen geſchehen zu ſein Vermerkt, ſelbiges alßo zu renoviren, und zwar ohne einiges Bedenken, ſonderlicht Wan es ſine praejudicio tertyi geſchehen kann.

Wie dann von ſolchen exemplis die Historien voll ſeindt ꝛc. 1559 hat Kaiſer Ferdinand der Erſte die Juden, wegen eines zu Praag getrueckten Gott läſterlichen Buchs aus Böhmen vertrieben, ſelbige aber hernach auf einige Von Rom gekommen intercession Wiederumb angenommen.*) Es haben Ihre Kaiſ. May. Kaiſer Ferdinand Der dritte Glorwürdigſten andenkens anno 1638 ad instantiam des Herrn Biſchoffen von Iſtrien, und bürgerlichen Handelsleuth die Judenſchafft ebenfahls wollen vertreiben und die resolution ſchon feſt geſtellet gehabt, iedoch nach Vernehmung der nachgeſeßten Instantien ſelbige wid geendt, und danach die Judengewelber allein, auß der Stadt geſchaffet, auch nach zweien Iahren gegen erlegung 6000 Ducaten die gnädigſte Verwilligung gethan, daß Sie wiederumb 21 Gewelber in die Stadt transferiren dürfen, Darumb die Burger ſelbſt angehalten haben ſollen. Ingleichen hat höchſtgedacht. Kayſ. Ferdinand der Dritte durch öffentliche in Truck außgegangene Patent publiciren laſſen, daß alle Juden auf den Landt inner denen negſten drey Monathen Weichen ſollen, Welches doch nachdem die Juden zu dem damahligen Vorgefallenen nottürfen 35.000 fl. hergeſchoſſen, und Iährlich 4000 fl. toleranz gelt verwilligt, rovocirt worden. Achtenſt Werdten Ihre Kayſ. Maj. umb diſſe Widereinführung der Juden von dero Threu gehorſ. Ständten in Erzherzogthumb Oeſterreich under der Enns und ſonderlich in Marggrafthumb Mähren ſchon zu verſchidenen mahlen allundth. gebetten, Welche am beſten Wißen, Waß zu Ihrer Vnderthanen aufnehmen geraichet,

---

*) Bekanntlich hat Mordechai Zemach aus Prag 1561 eine Reiſe nach Rom gemacht und beim Pabſte die Rückkehr der vertriebenen Juden nach Prag, respective deren ferneres Verbleiben daſelbſt vermittelſt (S. Zunz, zur Geſchichte und Literatur S. 262.) Ein Brief des Erzherzogs Ferdinand, damaligen Statthalters von Böhmen — vermält mit Philippine Welſer — welchen ich jüngſt fand, wirft auf dieſe Angelegenheit neues Licht und werde ich wohl bald Gelegenheit finden denſelben zu veröffentlichen.

auf welche nicht Unbillig ein sonderbahre reflection zu machen, Wan man selbige zum Contribuiren bey guetem Willen erhalten, und noch besser animiren will. Eß Wehre fast noch allein genueg die mutation der resolution verantwortlich zu machen. Zumahlen nichts gemaines, alß das christliche Fürsten und Potentadten, auf anhalten ihrer Landt-Ständte emanatas Pragmaticas sanctiones, leges, et constitutiones reuocirt geändt oder gar aufgehebt haben, Welches Ihnen niemandt übel außgedeuttet, noch solches mit Vernunft thuen können.

Schließlich wird denen Juden gemainiglich in general obicirt daß Sie böße Leuth, Wucherer und waß sie einem Landts Fürsten geben, solches nur von denen Christen auszusaugen pflegen. Hiervon ist zum Thail Bereiths oben am Eingang Meldung geschehen daß viel auditu, und auß passion deren so die Juden nicht recht kennen oder Sie zu zahlen, nit begehren, spargirt auch Gemeiniglich a parte ad totum vel a patriculari ad vniversitatem male argumentirt worden. Es ist leicht zu erweissen, mit denen so in Oesterreich Juden gehabt auch in andern Provinzen annoch haben, daß Sie die ienig seyen, so christliche Vnderthanen gar offt bei Hauß und Hof erhalten haben, davon Sie sonst hetten entlaufen, und daß Ihrige ödt stehen lassen mueßen. Dann es ist wißentlich wie zum öftern die Contributiones etwas praecipitanter und zu solcher Zeit außfahlen, da der Vndthan mit denen Wenigsten Mitlen versehen ist, also daß er oft ein Rößel, Kuhe oder anders dergleichen, so seine Wirthschaft höchst nachtheilig geweßen wehre zu verhüttung der Execution verkauffen mueßen, Wan ihnen nicht der Judt geholfen hätte, welcher sich hernach mit Schmalz, Woll, heuten und dergleichen Gemainen Sachen, die der Vndthan ohne daß fast anderwerttig nit anbringen künnen, bezahlen lassen; dahero auch Caspar Klock tract. de Aerario lib. L c. 62 n. 66 und die Ursachen, Warum die Juden aufzunemmen, und Zugeduldten sein.

Wann man alles genau betrachtet, haben die Juden niemaht einen mehrern eintrag gethan, alß denen Cramern und geringen Handelsleuthen, die zu allen Zeiten, daß gröste geschrey geführet, auch geistlich und Weldliche Obrigkeiten Wider die Juden comitiret, indem diese Wahren etwaß Wohlfailler Verkauft, und mehr leuth an sich gezogen haben. Darwider die Crammer Gemainiglich Vorgegeben, daß die Juden nur alte Verlegene, nichts nuzige Wahren hätten, Womit die leuth betrogen Würden, Welches auch bißweillen sowohl, als unber denen christlichen Cramern geschehen sein mag. Man hat aber gesehen, daß die Juden eben wohl auf denen Märkten frische Wahren erkauft, und auß frembten orthen kommen lassen, daß Sie aber selbige nichts desto Weniger Wohlfailler gegeben. Solches auch ohne Schaden thuen können, hat daher gerühret daß die Juden gar genau und gesparsamb gelebet, und in einer Wochen khaumb so viel verzehrt, alß ein christlich Cramer in einen Tag, dahero Er solches Wider auf die Wahr schlagen müessen, daß also die Juden eben ein rechtes Mitl sein, dergleichen Kramer und Handelsleuth besser in Zaumb zu halten, damit Sie die Wahren nit nach belieben steigern können.

Wan nun placidirt Würdte, die Juden Widerumb zu toleriren, Wehre vor allen Dingen auf ein guete policey Zugedencken; und scharpfe leges vorzuschreiben, auch darob strictissime zu halten, dadurch würdte man daß ienige, Waß von denen Juden, sonderlich in particulare Uebels zu geschehen pfleget, am besten verhüeten können. Darzue gehört aber auch ein solche obrigkeit, die ob denen gesezen halten und selbige exequiren thuen. Dann wie es vor etlich, und dreyßig Jahren hero, bey Ihrer gehabten Instanz Zuegegang, solcheß ist fast den Kindtern auf der Gassen Bekandt gewesen, in denen oft kein Christ wider einem Juden ausrichtung haben können, auch ein und and. Jüdische Man- und Weibspersohnen in solcher authoritet gewessen, daß auf deren Zuesprachen, Wie die Juden selbst bekent, gegen geringe Verehrungen, mit gut ordtnung erthailte schon Prothocollirte Verbescheidtungen, bißweillen nur durch einen privatschreiben Corrigirt und umbgestossen, also dardurch denen Juden zu dem Sündtigen und die Christen bey Gerichten umbzuziehen Gelegenheit Gegeben und Sie Vermessener gemacht Worden. So wehre auch Vorsehung zu thuen, sonderlich in b. Stadt Wienn, nicht alle Canalia einzunemmen, sondern nur gewisse Familias und solche Leuth, die da zaigen können, Wie Sie Ihre nahrung mit Ehren suchen wollen: Dan obschon dardurch die intention Wegen menge der Consumenten, nicht erraicht wirdt, so kan doch solches durch die bessere Handlung, Und andere bey denen Vermöglicheren habende sichere Geföhl leicht wieder hereingebracht werden.

Dabey noch dieses zu erwegen, daß obschon die Juden berentwegen tolerirt werden solten, damit Sie einstmahls zu dem Christlichen Glauben, und der Wahren Religion gebracht werden möchten, man doch derzeit kein sonderbahre Reflection darauf machet, sondern durch die Wider Einführung principaliter dem aerario Zuhelfen, denen Landt Ständten eine Consolation Zugeben, die entstandtenen schäben zu emendirn und des Landtswohlfarth zu suchen begehret. — Welcher Potentat und Landtsfürst nun disses Beobachtet, den wirdt mit Fueg niemant objecirn können, daß er Contra Politicum etwas gehandlet habe, und würden ihrer Viell, Wan Sie ein solche gelegenheit haben könten, dieselbige mit freudten amplectirn, Maßen auch Ihre Churfürstlz. durchl. zu Brandtenburg, alß etliche Familia der Von hier Vertriebenen Juden, sich angemeldet, denenselben gegen raichung eines Jährlichen Tribut, in seiner Residenz Stadt Perlin die Wohnung Verstattet, Ungeachtet die Juden noch vor dissen von Churfürst Joachim zu Brandtenburg, Von dannen Verjagt worden.

Druckfehler-Verzeichniß.

S. 17 v. unten Zeile 1 statt: was, l. das
„ „ „ „ „ „ vorfiudet l. vorfindet
„ 20 „ „ 15 „ appeliirten, l. appellrten
„ „ „ „ 8 „ gemainten, l. gemainen
„ 35 v. oben „ 10 „ Mahsot l. Majestät

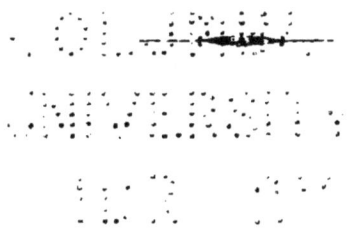

Druck von J. Löwenthal, Wien, Stadt, Augustinerstraße 12